星出版

新觀點
新思維
新眼界

*Radical Acts of Love*

How We Find Hope at the End of Life

# 愛的 by 原形
## Janie Brown

### 20 段療護紀實故事，提醒我們要好好說再見

珍妮·布朗———著　　周宜芳———譯

「如果你想看見死亡的靈魂，
就要為生命的本體敞開你的心扉。」

—— 紀伯倫（Khalil Gibran），
〈死亡〉（"Death Poem XXVII"）

「輪到他時，他也變了，
徹底地變了：
一種駭人的美就此誕生。」

—— 葉慈（W. B. Yeats），
〈復活節，1916〉（"Easter, 1916"）

目錄

序言
# 以開放而清醒的態度，
# 面對生之終點

我第一次親眼看著過世的人是我的祖母。當時我19歲，她81歲。在她人生的最後幾年，她與我們家人一起住在格拉斯哥郊區，棲身在與我們家四個孩子成長所在的砂岩老宅相連的一間小屋裡。祖母死於那個年代比較常見的食道癌，這是因為她是個老菸槍，加上喜歡每日小酌幾杯。我還記得，我跟著母親走進祖母明亮的白色臥房，我站在母親身後，目光越過她的肩頭，看著她為我祖母洗身，換掉髒汙的床單。我想幫母親照料祖母，但是卻僅在那裡，茫然不知所措，儘管我那時已經在醫院工作過兩個暑假。祖母是我的親人，不是病患。在當時，這點讓一切都變得很不一樣。

印象中，我並不害怕死亡，只不過房間裡那股不尋常的氣味，還有她經常咳嗽、很少說話這件事，讓

我感到好奇。母親把事情都打理妥當，她看起來也毫無懼色，只是很忙。她自己也曾經是個護理師，想必這有助於她知道該做些什麼。在祖母的病榻前，沒有掏心挖肺的深情漫長對話，也沒有一長串有待完成的遺願。那裡有的，只是身為病人的我祖母，還有身為照顧者的我母親的臨終工作。

　　我在那時就了解到，死亡大部分都是自然而然的事。並不容易，但也不見得可怕；沒有創傷，也沒有過度醫療；既不浪漫，也不榮耀。死亡多半尋常平凡，也應付得來，可以坦然接受，但帶著深沉的悲傷。在那個年代，大部分的老年人都在家過世，就像我的祖母一樣；那個時代，人在生命的最後幾天或幾週住進醫院或安寧病房還不常見。

　　今日，大部分60歲以下的人，都不曾見過有人在自己面前死亡，因此對死亡深感恐懼；無論是自己的死亡，或是摯愛的人逝世，都讓他們驚惶。他們沒有榜樣可以學習如何照顧臨終者，因此對自己照顧臨終者的能力也沒有信心。我希望，極力推動回復由產婆接生、掀起去醫療化生產風潮的嬰兒潮世代，也能在拿回臨終主導權上擔綱重要角色。本書是我的獻禮，讓

我們所有人重新得到力量，能夠主動面對我們的生命與死亡，記起我們知道如何向世界告別，一如我們知道如何來到這個世界。我們也知道如何療癒，如何在死亡來臨之前，竭盡全力安頓生命。我認為，這是我們可以給予摯愛的人最好的禮物：當我們離開這個世界的時候到了，做好準備，開放心胸，接納這個時刻。

♫ ♫ ♫

我的第一份暑期工作，是在格拉斯哥病童醫院（Glasgow Sick Children's Hospital）的骨科擔任護理師的助理。骨折的格拉斯哥孩童情緒低落，對我大吼大叫，命令我拿東拿西，看我手忙腳亂出差錯就嘲笑我。即使他們的要求讓我膽顫心驚，但16歲的我喜歡那種幫得上忙的感覺。隔年夏天，我在老年精神科醫院工作，那裡有許多病人，都是已經住院長達三十或四十年的老病號。我記得有個非常年邁、令人毛骨悚然的女士，不管我去哪裡，總是拖著腳步尾隨在我身後，盯著我的一舉一動，就像貓頭鷹在打量獵物。正值青春年華的我，被迫努力理解人性的破碎。

我進入聖安德魯大學（St. Andrews University）時，

原本打算主修地理學。我一向熱愛地圖（現在還
是），但是到了第三年，我選擇主修心理學。人類行
為的研究，勝過我對拓樸學的興趣。我在1980年畢
業，取得心理學學士學位，接下來的那個春季，我再
度成為學生，在愛丁堡皇家醫院（Royal Infirmary of
Edinburgh）攻讀護理。我想要從事一種在各個國家、
各種文化都有需求的工作，可以到各地旅行，想辦法
對世界有所貢獻。

　　我當時22歲，在當了護理學系學生六個月後接獲
指派，照顧一名四十幾歲瀕死的男性白血病病患。他才
剛搬出兩側各有十五張病床的大病房，住進只有兩名
病患的私人病房。那個傍晚，我緊張地站在他的病房
外，一顆心在胸膛裡狂跳，在腦海裡演練我要說的話：

**史帝文斯先生，晚安！我是布朗護理師，現
在來值晚班。你現在覺得怎麼樣？**

　　我不知道我看到祖母過世的經歷，或是在護理學
校的經驗，是否足以讓我應付這件工作。

　　我做了深呼吸，輕輕敲了敲史帝文斯先生的房門，
裡頭傳來一個比我想像中還有力的聲音：「請進。」

我走進房門，陷入房間的昏暗裡，我的眼睛花了一點時間適應。

「妳好，妳一定就是今晚照顧我的護理師了。叫我傑克就好，好嗎？在我人生的這個階段，所有的這些禮數，都沒有什麼用了。」

「晚安。我是布朗護理師，」我說。按照規定，我不能告訴病患我的名字，也不能直稱他們的名字，雖然我一向想要這麼做。他的那顆光頭讓我為之一驚，還有他的黑眼圈也是。

傑克擺在床邊的照片吸引了我的目光，那是一張全家福，某個風大的日子在某處海岸拍攝的。照片中女子的深色頭髮被吹散，覆蓋了她大半的臉龐；她散發著一種喜樂。照片中有兩個孩子：一個大約8歲大的男孩，一臉頑皮樣，有著一頭紅髮；還有一個小女孩，大約5歲，手裡抓著一片已經濕軟的餅乾，害羞地看著鏡頭。

「暑假嗎？」我問道，心裡為了可以起個話頭而暗喜。

「就是剛過的這個夏天，在艾拉島（Islay），」傑克答道。「風很強，但是我們喜歡那個地方，打從艾

麗絲黛還是寶寶時，我們一直都會去。那樣的假期不會再有了，至少不會是我們四個人一起去。」

「嗯，」我頓時語塞。我的眼淚就要湧上來，但現在不是流淚的時候。我在房裡忙東忙西，整理好一疊平裝書、摺好《衛報》，把幾團面紙丟進貼在桌緣的垃圾紙袋裡。

「要不要我把冰水加滿？」我問。

「謝謝。止痛藥讓我渴死了。」

我拿起保麗龍杯，慶幸有個藉口可以告退，離開房間。我站在冰塊機前，冰塊喀啦喀啦地掉進空杯，那聲音的平凡撫慰了我。

雖然傑克對於臨終的那股深沉的憂傷和恐懼，讓我侷促不安又感到無能為力，但是接下來的幾天，他坦然講述他的感受，讓我感覺可以自在以對。他述及自己因為要離開孩子和妻子而有的罪惡感，即使他知道罹患癌症並不是他的錯，他還說到他擔憂他的去世對他們造成的傷痛。

我從傑克身上學到，我的責任不是消除他的哀傷和憂慮，而是提供一個充滿關懷的溫柔之地，讓他的感覺可以停靠安歇。我發現，如果我多半在傾聽、極

少說話，傑克會徹底把他的感受全部掏出來講，一直講到終於沒有話要說。就在此時，一片深沉的靜默包圍著我們，我們之間的空白似乎牽引著我們兩人，與某種更崇高的事物連結──而三十多年後的現在，我才明白，那是一種全觀的視野，在語言派不上什麼用場的那些時刻裡，能夠發揮一股深切的安撫力量。

傑克的開放和脆弱啟發了我，更加理解人如何度過臨終時的生命，還有醫護專業工作者可以如何幫助他們，更順利地度過這些情緒上及精神上的艱困時期。他讓我學到，安靜、穩定、不批判的陪伴，以及相信一個人有能力可以找到自己的方法航向人生終點的堅定信念，是任何有助益的照護的房角石。我感覺，這種陪伴的特質，根源在於心；不是心臟這個實體器官，而是某種情緒凝聚的情感中心，或許是愛或慈悲，是看到他人受苦時而產生的反應。這種因為磨難而生的牽繫，能在兩個人之間創造一種寬闊或整體的感受，我相信這是潛在的療癒空間。

與傑克的相處經驗，驅使我更深入去了解，如何創造能夠引發這種整體感的條件。我一直很感謝他，他開啟了後來成為我人生重心的工作。

　　幾年後，我26歲時，想要花一年時間到另一個國家去生活和工作，於是前往了加拿大。結果，十二個月的遊歷，變成了超過三十年的長居。有十年的時間，我在溫哥華擔任腫瘤科護理師，就是在那段時間，我對於工作的熱愛，以及對於所在體制的不滿，都與時增加。一個注重癌症的治療勝於照護癌症病患本身的醫療照護模式，讓我感到氣餒。我想要花更多時間照料一個人的心靈，還有他們所愛的人。

　　令我感到灰心的，還有一個不再有能力處理與死亡的關係的文化。我看到醫護專業人員和許多腫瘤科醫師在與病患討論死亡時有多麼害怕，遑論提供工具，幫助病患處理恐懼和憂慮。

　　回顧過去，我體認到，我也在與我所選職業的痛苦拚命周旋。在我照顧的人去世時，我不知道如何為他們哀悼，也不知道心裡的怒氣要朝何人或何物宣洩。我覺得自己對於發生或沒發生在別人身上的事都有責任，我把癌症視為仇敵，我加入了抗爭。為我們的信念挺身而出，是腫瘤科護理師的日常工作，但我還沒學會在奮戰的同時，保持心胸開放。

　　我想要改變我自己，也想要改變制度。

在回到大學完成我的護理碩士學位後，我接下一份臨床護理師的全職工作，這份工作讓我能夠以諮商的角色，直接接觸病患、家人和護理師。我非常尊敬成為教育者、研究人員和行政人員的護理師，但是我知道，我的職涯在直接臨床照護。我對整合醫學（integrative medicine）這個新興領域的興趣日益濃厚，這是一種著眼於全人（身、心、靈）的治療方式，包括生活方式的各個層面。它強調病患與醫者的治療關係，運用所有具科學實證的療法，包括傳統療法、輔助療法與另類療法。

　　每年夏天，我跟著從紐約大學退休的護理學教授朵蘿瑞絲‧克里格（Dolores Krieger）一起做研究，期間長達十年。她和美國神智學會（Theosophical Society of America）的領導者之一朵拉‧昆茲（Dora Kunz）根據「按手禮」的古老習俗，開發了一種名為「觸療法」（Therapeutic Touch）的能量治療技巧。這種方法是用於釋放疼痛與焦慮，並緩和臨終的過程。這兩位女士指導我進行這種療法，開啟我現在對於自身靈性層面的理解，而這是在人類經驗的國度裡尋找意義、目的和自在的畢生追尋。她們教我如何與他人深度連

結，無懼於被自己的感受所吞沒。她們幫助我信任每個人內在擁有的能力，可為自身的療癒與快樂肩負起責任。

1993年，我受到比爾‧莫爾斯（Bill Moyers）製作的《療癒與心靈》（*Healing and the Mind*）系列電視節目的啟發。第六集描繪的是由麥可‧勒納（Michael Lerner）、瑞秋‧娜歐米‧雷門（Rachel Naomi Remen）為加州波里納斯（Bolinas）的癌友所舉行長達一週的避靜會（retreat）。隔天，我就打電話給他們的組織「康衛」（Commonweal），詢問我如何才能得到更多與他們避靜會相關的資訊。他們剛好要在兩個月後舉辦第一場工作坊，教導醫護專業人士如何籌備癌友避靜會課程，於是我報了名。

參加過康衛的工作坊之後，我召集了有興趣舉辦癌友避靜會的醫護專業人員，組成一支團隊；就這樣，卡拉尼什協會（Callanish Society）隔年在溫哥華誕生了。在我寫作本篇序文之時，卡拉尼什已經舉辦過將近百場為期一週的避靜會，它蓬勃發展，成為抗癌家庭的中心，幫助他們堅強面對生命，而對有些家庭來說，則是讓他們有力量面對死亡。這個園地是獻

給因癌症而遭受不可逆之轉變的人們，提供他們避靜會和課程，重新接通人生的重要層面。我們致力於幫助人們開口與關係親近的人談論瀕死，化解過去的傷害和創痛，幫助他們做好準備，以平靜的心態接納、步入死亡。

我希望本書能讓讀者更理解臨終的過程，無論是自己的死亡，或是所愛的人的死亡。就像我們為了迎接新生命而細心準備，我們也能以開放而清醒的態度，為迎接死亡做準備，讓我們面對這個所有人都要面對的定數時，都能從中得到一些自在和安慰。我願本書能夠幫助想要竭盡所能去生活、去愛的家庭，在從得知預後不樂觀到死亡那一刻的期間，激發希望。

在本書出現的家庭，只是人口中的一小部分，他們的經驗無法以普世的方式描述。我知道，有些讀者可能會覺得自己對死亡與臨終的經驗與本書所呈現的不符，對此我感到遺憾。

這些故事人物可辨識身分的特質都經過更改，或是綜合好幾個人而寫成，藉此保護隱私。書中的故事都交給在世的家人閱讀過，以求準確，並且徵詢意見。這些溝通感人至深，讓我確信愛必然常存。

本書分成四部，每一部都收錄四到七個故事，闡釋各種經驗，包括接納死亡、為死亡做準備、療癒過去、處理未完成的事、接受沒有解答的事、按照自身條件選擇臨終方式，還有學習如何從自然及死亡的普世性得到安慰。

我的克里族（Cree）朋友莫琳・甘迺迪（Maureen Kennedy）曾告訴我，在他們的傳統裡，長者會從多年的人生經驗蒐集「教誨故事」。

她說：「會有那麼一個時候，長者必須告訴世界這些故事。珍妮，當妳的時候到了，妳會知道。妳現在已經有許多教誨故事了，不是嗎？」

「至少有三十年，」我點頭答覆。

我相信，現在就是公開這些故事的時候。

為死亡做準備，是愛的根本功課，為我們自己，也為那些在我們走後活在這個世上、與我們親近的人。我希望，這些故事能為我們人生中最重要、但最少討論的經驗提供一張路線圖，讓身為讀者的你安心。願這些別人餽贈我的教誨故事，能夠療癒、滋養、強化你的心，打開生與死所蘊藏的美 —— 這是你與生俱來的權利。

第一部

# 對死亡敞開心扉

「當我們的心像天空般開闊、如海洋般廣袤，
平靜就會降臨。」

── 傑克‧康菲爾德（Jack Kornfield），
美國小乘佛教內觀禪修運動家

幾年前，在我參加的一場避靜會裡，曹洞宗禪師諾曼・費雪（Zoketsu Norman Fischer）的教誨，在我心裡留下深刻的印象。他描述，當我們的人生走到盡頭時，雖然身體失去功能，但是心靈會持續擁有表達與接受愛的無限能力。他的說法安慰了我，讓我知道，即使失去健康的身體，我們仍然擁有一項珍貴的功能：給予和接受愛。無論面對生或死，都打開我們的心；如此一來，即使我們去世很長一段時日之後，我們所愛的人還是能從那份愛裡得到支持的力量。

　　我也了解到，在別人面前打開自己的心，比只有自己一人時還容易。或許，這是因為一顆對人生各個面向保持開放的心靈，繫於我們與他人的關係。或許，就是那種關係，尤其是在艱困時期，能夠啟動我們對彼此的慈悲和關懷，讓我們不再覺得孤單、寂寞。

　　每一天，我都會遇到接納死亡的人，可能是自己的死亡，也可能是他人的死亡。他們讓我們看到，人在生命的心碎時刻，如何還能保持開放的心靈。他們鼓勵我們不要封閉於痛苦和失去，而是勇於接納關係。

　　第一部有五個故事，講述當你敞開心扉，接納自己的死亡，你的生命及你所愛的人的生命會發生什麼

事。這五個故事裡的主角，每一個對於臨終所做的選擇，都與他們面對生存的方式一致。他們每個人都因為打開心扉接納死亡，而與自己、與他們關心的人有更緊密而親愛的關係，因此更能夠活在當下。

# 1 凱倫：金色的愛

「凱倫可能快死了，」十二月初的某天傍晚，凱西突如其來地在電話上說了這麼一句。

「什麼意思？」我問，胃裡一陣翻攪。我們三人已經當了二十五年的朋友，我們結識八年後，共同創立了卡拉尼什協會這個慈善機構，為與癌症共生的病友提供為期一週的避靜會。

凱西的聲音在顫抖。「過去這兩週，我們兩人都以為她只是感冒了，但是一天天過去，她愈來愈虛弱，她躺在沙發上已經兩天沒起身了。」

我的護理魂發作。「她看過醫生了嗎？」

「珍妮，妳知道她這個人。她寧可不去看醫生，」凱西說。

這是她們二十三年同居關係裡的一個死結所在。凱西是營養學家，她和凱倫兩人都偏好草藥勝過醫

藥，只是她們對於西方醫藥在健康與治療的角色有歧見。凱倫有一次告訴我，她有多麼害怕醫生和醫院，因為她的父親在一家癌症醫院過世，就在接受一劑化療之後，而那時她二十幾歲。她告訴我，她相信他是死於藥，不是癌。

「凱西，妳必須帶她去醫院，」我說。

❧ ❧ ❧

第二天早上，凱西把凱倫用毛毯裹得緊緊地，開八哩的車，到鎮上看醫生。她們喜歡住在卑詩省的卡里布區（Cariboo），位於溫哥華北方大約六小時車程，因為它有寒冷、下雪的隆冬，點綴著綠色湖泊的原野，以及各色各樣的野生動植物。凱西和凱倫在二十出頭的年紀於卡里布相遇，那時她們兩人都參加了由在全球有七個靈修中心的國際組織「聖光使者」（Emissaries of Divine Light）所舉辦的一場研討會。凱倫與凱西搬進位於卑詩省百哩屋區（100 Mile House）的使者之家，七年後，她們相戀了。

她們去了醫院，確認凱倫的肝功能正在衰退。超音波檢查顯示乳癌的癌細胞已經大範圍移轉，我們都

知道那代表什麼意義：她在世的日子不多了。那時，我們從事癌友輔導工作已經長達十八年了，我們知道誰會罹患癌症、罹患哪種癌症、確診時為哪個階段、誰能倖存或誰會離世，還有各人的臨終過程如何開展，這些問題的答案，既沒有規則可循，也沒有道理可講。我們十分清楚，即使身為醫護專業人員，也絕非健康或平安離世的保證。

　　凱倫選擇不找腫瘤科醫師諮詢，排除了任何癌症治療。她一向是個果斷的人，從不為她已經知道答案的問題耗費心力。她說，她的星座命盤都是火向星座。

　　她是我所知少數沒有先了解選項就拒絕治療的人之一。許多人都認為「不治療」的現實太可怕了，因此寧可採取戰鬥姿態，以化療或放療做為最佳武器。為活著而戰，對凱倫沒有意義。她知道自己來日無多了，她相信即使治療能夠延長她的壽命，讓她多活幾個月，也不會提升她的生命品質。她看過數百個人接受癌症治療，她覺得以她的情況來說，治療只是在拖延那個不可避免的結果，榨乾她體內僅存的一點能量。只要是她能力所及，她想要盡可能感到舒服自在。

　　凱倫選擇在朋友、家人與當地居家照護團隊的支

持下，在家辭世，而不是在醫院或安寧病房裡死去。
我知道我必須、也想要去那裡。2013 年 12 月 27 日，
我為一段期間未定的出遊打包我的行李，開車北上陪
伴我摯愛的朋友們，讓她們能夠找到面對凱倫離開時
所需要的力量。

　　人們在所愛之人臨終時在家照顧他們，這種做法
已有幾世紀的歷史，全世界各地都是如此。有時，人
們會因為在家處理疾病症狀的難度太高而需要住院，
但是凱倫的狀況穩定，而凱西和我可以處理醫生開給
她的止痛藥物，居家照護師每天也會來檢查狀況。我
會一直留在她們身邊，一直到凱倫離世，並且在那之
後陪著凱西，成為她的支柱。

⋆ ⋆ ⋆

　　「會很久嗎？」在我抵達後兩天，凱倫問我。我
們坐在廚房桌邊，面對面喝著那碗後來成為我們共享
的最後一碗湯。

　　「大概一週左右，最多，」我回答。有時會出現
意外，人們比預期的還早或晚離世，但是當你看過太
多人死亡，你的直覺通常相當準確。

「很好。我可以接受死亡。活到62歲，還不賴，」她說。凱倫一向把人生看成一場冒險，而死亡似乎也是其中一部分。

「比起死亡，我比較怕苟延殘喘地活著，」她說，凝視窗外好一陣子。「反正，我要去的那個地方，一定會超越在此塵世的生命，我不怕。我只是為死亡、為我必須在這個有我所愛之人的美麗地球上缺席而感到悲傷，」她看著我說道。我感覺一滴淚水順著我的臉頰滑下。我已經開始想念她了。

「我希望妳至少會以某種形式回來，告訴我們妳很好，說在那裡確實比較好，」我說。

「我猜，那會像手穿過一層紗，就像這樣，」她說著，伸出手到桌子的這一頭，握住我的手，「我會找到妳們的。」

「如果我們真的這麼近，不是很好嗎？」我說。「妳難道不希望讓我們確定？」

☙ ☙ ☙

1月4日的早晨，凱倫要我們唱歌給她聽。「拜託，妳們這兩位吟遊歌手，把烏克麗麗拿出來。」她

的聲音虛弱，但是她藍色眼睛裡的神情仍然俏皮如昔。多年來，每當我變得太過嚴肅，她都會想辦法讓我開朗起來。她從來不讓我鑽牛角尖，過於執著於單一意見，她會取笑我對理論的堅持不大站得住腳。人生更像是一道奧祕的謎，多過心智的堆築。

凱西和我已經六個月沒碰烏克麗麗了。我們贊同演奏音樂這個主意，而不只是聽音樂，我們認為演奏有助於我們在工作的艱辛時刻放鬆。我們的烏克麗麗老師曾向我們保證，只要三個和弦就能演奏兩百首曲子。目前為止，我們已經會彈五支曲子。

「美麗的馬車，輕輕慢慢走，」我們撥著弦唱道。「來這裡載我回家。」

凱倫閉著眼睛，乾裂的嘴脣掛著一抹微笑。她沒有力氣一起唱。

「一群天使在我身後，來這裡帶我回家，」我們輕輕哼唱著。

我幾乎不敢相信，凱倫怎麼會變得如此瘦小。她一向是身材健美、充滿陽剛氣息的女性。她曾開玩笑說，她擁有渾厚可與網球名將娜拉提洛娃（Martina Navratilova）媲美的左二頭肌。自從十二月確診之後，

她的體重急速下降,她的手臂幾乎連拿起一杯水到嘴邊的力氣都沒有。

到了某個時點,當身體不再想要養分,飲食的欲望也會隨之停止,這是死亡已近的徵兆。但是,即使身形如此瘦小,凱倫仍有很強烈的存在感;就像清朗夜空裡的一輪滿月,迷人得讓人難以抗拒。

「我眺望應許之地,我會看到什麼?」凱西和我繼續彈唱。「來吧,來帶我回家。」

凱倫睡著了,她的頭垂向一側,她的呼吸夾著雜音。她睡了兩個小時,然後醒來。她半張著眼,目光在房間裡來回掃射,彷彿在追著某個吸引人的東西。

「在我半夢半醒之間去的那個地方,我只能用四個字描述,」她告訴我們:「金色的愛。」

「金色的愛,」她再次說道,我感覺一股安慰流遍全身,讓我渾身放鬆。凱西微笑看著我,在我們同行的友誼路上,有許多時刻,凱倫的智慧讓我們卸下武裝,破除我們認為值得緊抓不放的觀點。

「多年來,我們都在想,人死時會發生什麼事?我有消息要給妳們,」她喃喃說道。「正如我們所想,但是更勝於此,遠遠多出更多。做為我們生之源

頭的那份大愛，也會在生之終點迎接我們。它是如此美麗。」

　　凱倫的話就像一片片、一段段的真理，不偏不倚地嵌進正確的位置，呈現唯一可能的組合。她總是說，靈魂是一種無所不在的實體，每個生命在其中興起與隕落；她把這種實體稱為「意識」，她說它是仁慈而永恆的，就像愛。有些人可能會把這種仁慈的實體稱為「上帝」，她不這麼稱呼。她相信，身體死亡之時，一度驅動肉身的能量會併入意識。

　　我經常在思索，相信靈魂的存續，能否幫助我們在面對死亡時更加感覺平靜？若死亡純屬假設，只是思想上的概念，相信來生通常能讓人得到安慰。我認為，當身體正在死亡，五內的體驗可能是驚怖、痛苦而無法忍受的，也可能是寧靜、自在而可以應付的。死時是艱苦難熬或平順自在，造成差異的並不是對來生的信念，而是能夠有效掌控身體症狀的程度，還有一個人對自己的人生與情感經驗的和解程度。

　　凱倫陷入無意識狀態兩、三個小時後，我感受到另一個變化：她的呼吸變得更淺，呼吸之間的停頓時間長達好幾秒。她的手腳是涼的，而且起了斑，她的

嘴脣發白。死神已經在這間屋子裡徘徊了好幾天,現在又更靠近了。

「怎麼了?」凱西問道,她也感受到其中的轉變。

「我們就在這裡陪她,」我回答。凱倫的眼瞼顫動,她好像在做夢。

「我們應該說再見嗎?」凱西問道。

「妳想要和凱倫獨處一下嗎?」

「不用,我只是在想,我是不是應該放手,准許她離開,告訴她我會沒事的。」凱西因為即將來臨的死別之痛而哭喪著一張臉。

我從床尾走到凱西坐著的床頭邊,伸出手臂環抱她的肩膀。

「自從我們知道她要離世,我們就已經在對凱倫說再見了,」我說,撫著凱西蓬亂的頭髮。過去這兩個晚上,她都在凱倫床邊打地鋪,睡得不多。

告別不是在某個時刻說再見,而是發生在結局緩慢開展所歷經的時時刻刻之中。

凱西斜倚著床,頭靠在凱倫的胸膛。「我不想說再見,我們一起走過這麼精采的人生。」

凱倫的呼吸像是低語的呢喃,呼氣的聲音比吸氣

略微大聲。

「我無法想像凱倫會需要誰准許她離開，妳呢？」我說。「她一向是老大。」

此話一出，我們都笑了，打消再做些什麼的念頭。

幾間屋子遠的地方，有隻狗在吠。房裡一片寧靜，只有我們偶爾脫口而出的「我愛妳」打破寂靜。這時候，別的話語都沒有意義。

然後，紗門衝開，拍打到房外牆面，一陣冷風灌進來，撲向我們。風把門閂都吹開了。今天午後稍早時，我們把玻璃門打開，讓凱倫可以感受一下皮膚接觸到新鮮空氣的感覺。

我們了解，結局已近，眼眶溢滿了淚水。兩次呼吸之間的十秒，感覺像永遠那麼久。又一次長長的呼氣，接著是靜默──二十秒、三十秒，我知道要等待。即使過了一分鐘，還是有可能出現最後一口氣。這就是了，凱倫又一次吸氣、呼氣，然後迎向她生命的終點。

我一動也不想動，彷彿這房裡的靜止告訴我要等一等，不要打斷房內還在進行完成式的週期。我凝視著窗外隨著逐漸增強的風勢而擺動的楊樹林，太陽漸

漸沒入地平線，天空也隨之轉為深邃的粉紅色。然後，我注意到凱倫的臉，一點一點地變得柔和，雙眉間的皺紋慢慢消散，嘴巴的形狀也在改變。我的注意力在這兩幅景象之間來回停留：一邊是窗外的元素世界，一邊是凱倫的肉身，這也是由元素所組成的，而它們就在我們的眼前變換流轉，彷彿注定在這樣的相互掩映中生動上演。大約一個小時後，房間裡的動能靜止，我發現凱倫一側的唇邊，浮現了一抹輕輕巧巧的微笑，彷彿在說：「沒錯，一切正如我所料。」

# 2 丹尼爾：記憶寶盒

丹尼爾站在我的諮商室門口，牽著他7歲大的女兒愛蜜莉。

「珍妮，抱歉，出現這段意外插曲，」他說，眼光瞥著他的女兒。「我和妳談話時，可以讓愛蜜莉在候診室自己玩嗎？」他雙眼下掛著疲倦的黑眼圈，望著我說，「琳音偏頭痛發作，今天早上臥床休息，愛蜜莉堅持和我一起來，我不忍心拒絕她。」

防止這些芝麻綠豆大的失望是他做得到的，在前方等著愛蜜莉的沉痛失落，他無力掌控。

「我女兒不知道我的病情有多嚴重，」丹尼爾一週前在電話上告訴我。「這樣做比較好，妳不覺得嗎？」

他決定不要告訴她們醫生告知的最新消息，也就是他的癌症已經復發，而且病勢更為凶猛，他可能只有幾個月可活。他有兩個女兒，分別是7歲和9歲，

而當她們的父親是他最驕傲的成就。

「關於這個,我們需要當面長談,你覺得呢?你能來做一節諮商嗎?」我問道。

兩天後,他來敲我的門,還帶著愛蜜莉。

她露出燦爛的微笑,直視著我。她流露著自信,這是韌性的象徵,在悲劇發生之後,這個人格特質是讓一切改觀的關鍵。

「我好開心,終於見到妳了,愛蜜莉。我聽了好多關於妳的事。」我蹲下身,和她等高,伸出我的手。她和我握手,但很快就縮了回去。

愛蜜莉的深棕色髮剪成鮑伯頭,瀏海貼近她那雙大大淡綠褐色的眼睛。她身上穿著幾種不同的粉紅色,有深有淺。她腳上的球鞋已經穿舊,當她朝著舒適椅走去時,鞋跟的燈一閃一閃微弱地亮著。她從背包拿出著色本,和一個裝著蠟筆的密封袋。

「如果妳要找我們,就敲這個門,好嗎?」我指指我諮商室的門。「妳爸爸和我會在那裡談話。」

她點點頭,沒有抬眼看。她已經在幫睡美人的禮服塗上亮紫色。

丹尼爾照常坐在背向窗戶那張厚實的沙發上。他

光溜溜的頭，似乎更突顯一個失去生命力的人的蒼白面容；他寬鬆的運動服，掩飾了他變得削瘦的身形。

我辦公室的窗外，就在丹尼爾所坐位置的後方，映著一棵高大的楓樹，襯著藍天。在進行通常不容易談的對話時，這棵樹是穩定我的支柱。

「我的太太和岳父岳母寄望我好起來，我一談到死亡，他們就告訴我不要這麼負面。他們不想談論死亡，他們相信，談論死亡就會讓死亡成真。她的文化有一些我不了解的信念。我當然想要活下去，但這已經不是事實了，不是嗎？」丹尼爾凝視著我的眼睛，我緩慢地吸氣。

在有人直接問到自己是不是快死了的這些時刻，有幾種反應方式：用話來掩飾搪塞，移開我的目光，躲避對方的注視，順從想要保護對方的本能，避免痛苦，說些話，什麼話都好。例如：你可以打敗癌症；你還這麼年輕，不應該死去；奇蹟會發生，真的會；我知道很多人的發展，和他們的預後不同；你上次來這裡遇到的那個麥可，他比醫生的預測還多活了兩年。你會想要附和一個家庭的心願，希望死亡是可以避免的，相信病人就是有對抗病魔的力量。但是，到

了最後，你還是得誠實。死亡已經坐在丹尼爾旁邊的沙發上，連逼帶哄地要我開口說話，而丹尼爾需要我尊重他應對真相的能力。沒有尊重，就沒有尊嚴。

我緩慢地吐出一口氣。「丹尼爾，沒錯，看起來，你過不了這一關。」

丹尼爾的聲音透著急切。「如果我就要死了，那麼我希望這件事對琳音和孩子盡可能好過一點。她們必須沒有我，也能過下去。」他轉著手指上的婚戒，戒指因為他變瘦而變鬆。

「丹尼爾，我可以幫助你為死亡做準備，而且我們兩人都不必放棄意外驚喜可能出現的希望。」隨著丹尼爾放鬆，他的肩膀垂下一、兩吋，而他的眼睛湧上鬆了一口氣的淚水。

「感謝上帝。我知道我沒辦法靠自己解決這件事，我只知道假裝我不會死，對任何人都沒有幫助，」他說。

死亡已經避無可避，這個逐漸明朗的事實，有它自己的節奏、它的時節，而關於死亡的豐富對話，會在適當的時間出現。過去我一直認為，身為醫護專業人員，我的職責就是引導別人正視死亡逼近的這個事

實，即使對方沒有邀請我對話也一樣。我感覺體內有一股衝動，有一種責任感湧上來。我相信我的直接，對臨終的人有益，能給他們足夠的時間，為前方的事做準備。我看過太多人耗盡時間，來不及告別，通常造成在世的人悔恨多年。

　　然而，隨著時間過去，我知道我的急迫感、我打開對話的倉促，可能會嚇到一個沒有準備好的人。後來，我培養出耐性，在真相的腳步還沒有趕上來之前，在心靈還沒有消化身體已經知道的事之前，我會克制跳出來說話的衝動。有時，心靈一直沒有趕上身體的腳步，而我也已經學會接受這點。

　　從丹尼爾聲音裡流露的迫切，以及他在我們對話時身體前傾，我知道他已經準備好談這件事。

　　「我們先從實務面開始，」我說道，比起情感上的準備，這是一個較容易開始的層面。「你想過自己可能會在哪裡往生嗎？」

　　「如果我在家裡過世，在我們的床上，我無法想像琳音和孩子要如何面對。她會無法擺脫這件事的糾纏，妳認為呢？」他問道。

　　「死亡的記憶，不一定都是可怕的，也可以是溫

柔的記憶。人們日後通常會提到，亡者在家裡過世是一種安慰。」我說。

丹尼的臉變得柔和。「我祖父是在他自己的床上過世的，現在回想起來，當時我祖母似乎覺得沒什麼，但是琳音相信死亡是厄運，所以我想，如果我在醫院或安寧病房過世，她會覺得比較好過，」丹尼爾說。

我向丹尼爾解釋緩和療護病房（palliative care units, PCUs）、一般病房和安寧病房（hospices）的差異。緩和療護病房和安寧病房的人員配置通常優於一般病房，而且有專精於臨終照護的團隊。那裡的機構氣氛較淡，病患去那裡通常是尋求症狀管理，例如疼痛或噁心，一旦症狀受到控制，病患就可以回家或回到安寧病房。大部分的安寧病房都會規定，只接受預後壽命三到六個月的病患。

丹尼爾的雙頰泛起微微的紅暈。知悉具體的協助資訊，似乎帶給他些許安心和寬慰。

「在離你家相當近的地方，就有一間安寧病房。你可以從家裡收拾一些東西帶過去，像是可以掛在牆上的照片，還有你自己的枕頭和寢具。琳音和孩子隨時想待多久都可以，也可以在那裡過夜，」我說。丹

尼爾直視我的眼睛。

　　我想到我認識的無數家庭，那些回憶湧上我的心頭。母親在安寧病房過世時才4歲的小莎拉，從家裡帶來各種小禮物：庭院裡的一朵花、一顆糖果、一本故事書。她眼裡的警覺，她一身不搭的凌亂衣服，都清楚訴說著她受到的傷害。快要滿16歲的馬修，駝著身體窩在他爸爸病房窗下的椅子上，棒球帽拉得低低的，總是戴著耳機。他渾身散發著難以親近的氣息，但是在爸爸過世前的十五天，他沒有錯過任何一個放學後的守夜。

　　丹尼爾從實務面轉入情感面。「讓孩子看到我臨終，這樣好嗎？這會不會對她們造成創傷？」

　　「這點取決於臨終過程是不是安詳。大多時候，緩和療護團隊能夠緩解你的症狀，在孩子看起來，你就像是在睡覺。這會讓他們覺得非常哀傷，但不會是創傷。」我刻意改變用語的輕重，不用假設的「可能」（would），而是用確定的「會」（will），推著丹尼爾更正視不可避免的事。他傾身向前，慢慢拿起桌上的一杯水，喝了幾口。我看著他抽了一張面紙、擦完嘴，把面紙丟進垃圾桶，等到他抬眼望我，我才開

口繼續說。

「遇到不尋常的情況，像是出現難以控制的症狀，或是有突發狀況時，最好不要讓孩子在場。因為那可能會造成創傷，」我說。

「誰來決定？」丹尼爾問道，一場變得漫長的對話裡，流露出一股出人意料的元氣。我的念頭一閃，想到在等候室的愛蜜莉。我很感謝她的獨立，讓我和她爸爸的談話能不受干擾。

「安寧病房的團隊會給你指導，不過和琳音討論也可以。」

「我死去後會怎麼樣？那個時候，孩子可以看我嗎？」丹尼爾問道。

我向丹尼爾保證，孩子通常知道自己願不願意看過世的人，也知道自己想在房間裡待多久。我建議讓他的妻子琳音或其他和孩子親近的人陪伴她們，孩子需要告別，就像大人一樣。

「接下來的這個問題，聽起來可能很奇怪，」丹尼爾打住，然後看著我。

「沒關係，」我說。

「我如何知道我就要死了？今天還活著，明天就

死了嗎？」

「其實，人會活到最後一口氣，不過在某個時候，會開始進入臨終的最後階段。這個階段通常為時幾個小時到幾天之久，身體不再需要食物或液體，器官自然停擺。你睡著的時間比清醒的時候多，你可能知道你要走了，」我說。

丹尼爾後仰靠著沙發靠枕，目光瞥向他身後的那扇窗，望向窗外，暫停對話。

他轉回來時，我繼續說。「琳音進入分娩的最後一個階段，也就是推擠的時候，你在場，是嗎？不管她的決心有多麼強，她都無法阻止要發生的事。你的女兒其實是自己出生的，」我說。

丹尼爾的眼睛因為回憶而發亮。「第一次抱著她們兩個的時候，感覺好奇妙。」

我告訴他，我相信，就像身體知道怎麼出生，它也知道怎麼死去。這時，我看到他的臉因為鬆了一口氣而變得柔和。

「死亡該來時就會來，」他點頭說道。

我停下來，看看丹尼爾還有沒有什麼要說，或是會主動結束對話。他可能已經用盡這一天的力氣，而

他還得開車回家。

　　他的聲音變得壓抑。「我就是討厭所有要我用意志力打敗癌症的壓力，這些壓力來自琳音不斷留在我床邊的那些書，那些書告訴我，我的心智比癌症更強大。可是，要是我辦得到，我早就做到了，不是嗎？我當然想要活下去，但是癌症顯然占了上風，」他停下來，彷彿有個不請自來的想法正在推逼著他。「珍妮，這不是我的錯，得到癌症不是我的錯，對嗎？」

　　「當然不是你的錯，」我說。語氣的堅決，我自己都嚇了一跳。「生命丟給我們這道課題，我們就要接招。怎麼做，不只影響我們自己的人生，也會影響我們所愛的人的人生，從一代延續到另一代。丹尼爾，如果你不能對自己慈悲，那麼你的女兒會從你那裡有樣學樣。你的尊嚴和自尊會伴隨她們一生。」當我想到這個好人會在他女兒的成長過程中缺席，我感受到我的眼睛後方有情緒的溫度在累積。

　　丹尼爾的精神為之一振，坐直了身，彷彿他對希望的定義已經改寫。他無法指望自己逃過一死，但是可以希望盡可能延續與家人相處時那些意義非凡的時刻。

　　「或許，我們應該去看愛蜜莉一下？」丹尼爾建

議。我站起身，打開等候室的門。愛蜜莉一臉期待地抬頭望著我們。

她進入諮商室，砰地坐在她爸爸旁邊的沙發上，用她那雙大眼睛看著我。

「妳和我爸爸在談什麼？」她問道。

我望著丹尼爾，想知道他是不是想講。他朝我點點頭，示意我回答。

「妳爸爸和我在談生病會是什麼樣子。」

愛蜜莉抬頭看著爸爸。他的眼睛濕了。

「妳知道妳爸爸怎麼了嗎？」我問。

「知道，他得了癌症，他就要死了，」愛蜜莉平靜地說。

我望向窗外的那棵楓樹，在這個心碎時刻尋找短暫的安慰。我注意到，新抽的嫩葉在四月的微風中搖曳。當我回過目光看著丹尼爾時，他的眼神發出求救的訊號。

我接收到他的暗示，回答道：「如果爸爸死了，妳和妳媽媽、還有妳姊姊，都會非常悲傷，是不是？」我說。在像這樣的情況中選擇誠實，感覺像是縱身躍入深淵。

「對，我們會，」她說。「爸爸，我不要你死。」

她抬頭看著丹尼爾，而他伸出雙臂，把她摟進懷裡，緊靠著他那弱不禁風的身上。看到他們父女之間如此親密，讓我想起我父親的死亡，以及所有那些不得不在倉促之間向父母告別的子女。我憶起我父親的愛，以及我自己深切的喪親之痛，心中奇異地升起一股安慰。

丹尼爾在愛蜜莉耳邊輕聲說道：「我永遠愛妳，愛蜜莉，無論我在不在。妳會記住這點嗎？」她微微點頭，當做回答。丹尼爾繼續說：「只要能讓我留在這個世上當妳的爸爸，無論是要我移山，或是喝光整片海水，還是永遠不再吃糖，我都願意。」

「你會願意吃瑪菲的貓食嗎？」愛蜜莉抬頭看他，臉上帶著頑皮的微笑。

「我絕對願意，」他說。

愛蜜莉滿意地抿抿嘴說：「很好。」

我彎身對她說：「爸爸過世後，妳會最想念他什麼事？有時聊聊這個也會有幫助，因為這些都會變成快樂的回憶，能在妳感到悲傷的時候，幫助妳心情變好。」

愛蜜莉的眼睛發亮。「我想要聊聊那些事。」

　　「或許，妳可以和爸爸一起做個回憶寶盒？首先，妳回想一下關於爸爸妳最喜歡的所有事情，然後在家裡找東西，或是自己動手做，把它們放進盒子裡，提醒妳那些特別的回憶。我們今天就可以開始談回憶，等到妳回到家，或許妳和克蕾兒可以和爸爸一起完成回憶寶盒？」

　　愛蜜莉興致勃勃地點頭。

　　「妳最喜歡關於爸爸的什麼事？」我問。

　　她毫不猶豫地回答：「我喜歡爸爸親我。」她抬頭微笑看他。

　　「那當然，」我說。「那妳覺得我們要怎麼把爸爸的親吻放進回憶寶盒，好讓妳想回憶時可以拿出來？」

　　「我知道了！」她開心說道。「我可以用媽媽的口紅塗爸爸的嘴脣，然後他可以印幾張脣印，我們就可以把它們放進寶盒裡。」她咯咯笑道。

　　丹尼爾和我驚訝地對望，創意為即將來臨的失喪之痛包覆了歡笑。他的吻可以在他離開後保存很久。

　　「爸爸，你覺得呢？你願意這麼做嗎？」愛蜜莉問。

　　「當然願意，」丹尼爾答道。

　　接下來，我們討論其他可以放進回憶寶盒的東

西。孩子有時會挑度假或節慶時最喜歡的照片，或是留存寫給彼此的信件或卡片。有些父母會寫信給孩子，或是錄音或錄影讀他們最喜歡的故事。孩子或許會選衣物，或是珠寶，或是大自然的物品，像是來自一處特別海灘的貝殼或石頭。他們或許會一起為回憶寶盒上色或做裝飾。

「你們下次來的時候，妳可以把你們的回憶寶盒帶來給我看嗎？」我問愛蜜莉。她點點頭。

孩子也需要做準備。

🙠 🙠 🙠

琳音問她的女兒們，在爸爸死後，她們想不想看看他？兩人都說想。有一天，突如其來地，丹尼爾因為疼痛加劇而住院，入院四十八個小時後，他離世了，醫生認為死因可能是血栓。琳音認為，女兒們或許想要為爸爸做點特別的事，並讓她們決定自己想要做什麼事。

愛蜜莉問琳音，沿著窗台擺的那一排花，她和姊姊克蕾兒能不能把所有花瓣都摘下來？琳音同意了。然後，兩個女孩緩慢、小心地把每朵花的花瓣都拔下

來，把花瓣堆在床邊的小几上。有鬱金香和百合、銀蓮和玫瑰，有各種大小和顏色的花瓣，有些還帶著香味。女孩們仔細地把花瓣逐片疊好，在覆蓋著丹尼爾已無氣息的身體的白色毯子上，排成「WE LOVE YOU DADDY」（爸爸，我們愛您）的字樣。她們一邊排字，一邊和他聊天，對他訴說那些她們永遠不會忘記的故事。

# 3　瑞秋：虎鯨群

瑞秋要我看一下她右大腿內側的一塊突起，就在膝蓋上方。

「感覺好像是個囊腫，」我說，用手指觸壓那個貼著瑞秋表皮下方的異物。我完全沒有想過它會是癌，惡性腫瘤通常會固著，而且很難觸摸得到。

瑞秋和我一樣，在成為護理教育者之前，都曾擔任多年的臨床護理師，而我成為臨床護理專家。在長達十年的期間，我們每年夏天都報名了在虎鯨島（Orcas Island）舉行的觸療法工作坊，以提升我們的技能，並了解彼此的生活近況。瑞秋和我，總是期待工作坊的到來。

兩週後，我的電話響了。

「妳要有心理準備，」瑞秋說。這個停頓感覺像是沒有盡頭，我可以聽到她急促的呼吸聲。「妳在我

腿上摸到的那塊突起是一個肉瘤，我的腫瘤科醫師告訴我，他可能必須切除我的腿。」她的聲音哽咽。

「哦，怎麼會這樣！我很難過，瑞秋，」我說。我知道不是所有肉瘤都需要這麼極端的手術，我也知道，面臨如此來勢洶洶的癌症，如果手術截肢可以列為選項，那就是以根治為目標。這個診斷表示病患要接受幾個小時的手術，在那之後，還要進行數輪化療，歷經長達數個月的復健。在她慶祝六十大壽後才三週的這個時候，瑞秋應該比任何人都堅強，她在十年前已經歷過乳癌，但是這次是一個新的重大癌症，是一頭截然不同的野獸。

「肉瘤不太妙，對嗎？」她問道。

我深吸一口氣，但是不想停頓太久才回答。「這要看病理分析，不是嗎？在我們還沒有更多資訊之前，不要想太多，」我說，努力壓抑在我五臟六腑裡竄升的恐懼。癌症是惡夢，截肢則是另一個惡夢。

瑞秋不需要我對她說：「嘿，妳是生命鬥士。妳曾經經歷過癌症，而且戰勝癌症。妳可以再戰勝一次。」

當死亡的恐懼偷走了日常生活，當終點浮現的時刻，人會變得心煩意亂，纖細脆弱。這不是幫朋友打

氣的時候。

　　詞窮的我努力找話，想要透過電話傳達我的愛，希望她能夠感受得到。

　　「我真希望我現在能在妳身邊。妳會度過這一關的，一步一步來。」

　　我聽到她的啜泣聲，我急切地想要讓對話繼續。要是瑞秋現在與我對坐就好了，我就可以握住她的手，我的愛更容易透過肢體接觸傳達出去。

　　「接下來會怎麼做？」我問。

　　「我下週要進市區看醫生，是列斯汀醫生。妳聽過他嗎？」她問。

　　「聽說他是最頂尖的，雖然他對病人的態度就沒那麼令人恭維，」我說。

　　「如果我非選不可，我寧可選擇醫術高明的，勝過善解人意的，妳覺得呢？」她答道。「我可以從別人那裡，得到情感上的支持。」

　　「我想也是，」我說著，心裡希望他會是一位在兩方面都俱全的醫生。我知道的那些醫術高超的外科醫師，還有出色的溝通者，他們都理解，同時具備情感關係和專業，才能培養人們內在的韌性，克服那些

在沒有這兩者時感覺不可能克服的事。當我們知道有人關心自己，就會更勇敢面對眼前的遭遇。

「妳可以陪我一起去看診嗎？多個人幫忙聽，總是有益。麥可和我的壓力會很大，」她說。

「當然可以，」我知道，要是換成我在相同處境，她也會到場陪伴我。

✿ ✿ ✿

幾天之後，在一個下雨的十一月天，瑞秋和她先生搭了早班渡輪到溫哥華。我到達診所，搜尋著他們的身影，看到他們並肩坐在候診室米色的塑膠椅上。室內滿滿都是人，不過沒有人交談；空氣裡瀰漫著一股充滿不確定性的詭異寧靜。麥可大腿上放著一份還沒打開的報紙，手臂輕輕擁著瑞秋的肩膀。他凝視著對面牆上的病人教育宣導資料，皺起了前額。瑞秋看起來出奇地愉悅，她身穿深青色長版開襟衫，搭配黑色牛仔褲。她靛藍的雙眼，把她那頭及肩的濃密直髮襯得更顯蒼白。

「嘿，珍妮。抱歉害妳這麼早起，」瑞秋站起來和我打招呼，開朗說道。

「我想不到其他更想要去的地方了，」我咧嘴而笑答道。我抱了抱她，還有麥可，然後坐在唯一的空位上。

過了約診時間四十分鐘，有位護理師從護理站大聲喊道：「瑞秋・麥克里歐，去那一間。」她指指一扇門，然後走開了。

醫生的診間，看起來像是物理治療師的治療室，大小不同的彩色彈力球堆在一個角落，在另一個角落，有一系列負重器材在置物架上整齊堆疊，排排放好。輪椅、助行器、拐杖和手杖沿著一面牆壁放置，房間中央是一台裝有穩固扶手的健走跑步機。

列斯汀醫生坐在桌前，我們走進診間時，他起身走向我們。他桌上有一份薄薄的卷宗夾，在那個檔案夾裡，裝著瑞秋的未來，一側用紅色墨水寫著「瑞秋・麥克里歐」。他和瑞秋握手，然後和麥可握手，再對我點頭致意。他示意我們坐下。

「我們就直接切入正題，好嗎？」不等我們回答，醫生繼續往下說。「現在的情況，恐怕非常嚴重，需要立即、大範圍的手術治療。」他垂眼看著他腳上發亮的雕花鞋，或許希望這雙鞋能夠帶他走開。直接的

眼神接觸，或許有助於緩和這個打擊。

「請再多說一些，」瑞秋鼓勵他說，彷彿她講的是別人的事。

「呃，我一直都希望能夠保住腿，但是以妳的情況來說，我沒辦法。我們必須切除腿，為妳裝義肢。大部分的人術後情況都非常良好，經過適當的物理治療，可以這麼說，妳在兩個月內，就又能夠走路了。」

他微笑說道，字字句句輕飄飄地飛揚在空中，沉甸甸地落在我們腳下的灰色油氈地板上。他說「腿」，而不是「妳的腿」，這表示他難以啟齒傳達這樣的消息。

「喔，好消息是，癌症沒有轉移到妳身上的任何其他部位，」他說。

瑞秋從椅子上一躍起身，微笑說道：「我現在知道，我為什麼要練這麼多年的瑜伽了。樹式，我最喜歡的體式之一。」

她把右腳板搭在左大腿內側，用左腿平衡站立。她的雙臂高舉過頭，掌心相合。她在展現她的柔軟度，還有她能夠安適於只有一隻腳的情況。瑞秋一向擁有奇怪的幽默感，我看得出來，列斯汀醫生不知道

該不該報以微笑。

　　他還要去看其他病患 —— 他的說話速度、他後退往門邊走去的姿態，在在都說明了這點。「好，我希望把妳排在接下來一兩週的某個時段。麻醉師會在手術那天早上來看妳。有任何問題嗎？」

　　瑞秋看看麥可，麥可搖搖頭，沒有問題。在這些醫生與病患的互動中，震撼可能會綁架了心智，讓任何問題都提不出來，要到後來，通常是夜深人靜之時，才會一一浮現。醫生在傳達了壞消息之後，有時只給病患一個機會問問題，時間感覺緊迫。如果瑞秋有時間爬梳資訊，她或許可以問：「我可以等一下再問嗎？」，或是「如果之後我有問題，要如何聯絡你？」

　　我們往門口走去，順勢握了握醫生伸出的手。我對醫生說：「謝謝您。您選擇的這個治療方法並不簡單，能夠勝任您的工作的人沒有幾個。我很感恩我的朋友在您這裡接受治療。」聽到自己這麼說，我也嚇了一跳。

　　他的表情變得柔和，當我們的目光相對，我感受到過去就算沒有數千個、也有數百個病患的反應和拒

絕所匯聚的衝擊力，那些人聽到壞消息，震驚到想要殺掉傳遞消息的人。我希望瑞秋注意到，他的表情的變化。

　　在目睹醫護專業工作者與病患的互動缺乏溫度和連結多年之後，想讓醫護專業人員變得更人性化一點，現在已經成為我自然而然的想法。我們所受的教育，要我們與病患刻意保持距離。這麼做是為了保護我們，免於承受內心無可避免的難過情緒。但我相信，這樣的距離其實會讓醫護專業人員和病患缺乏人情味，讓相互關懷的真誠關係變得不可能。我相信，關懷關係通常是健全復元的基礎。

　　列斯汀醫生很快地握了握瑞秋的手，垂眼看著他左手的檔案夾。他打開門，退出門外時說：「那麼，我們下次見了。」

✍ ✍ ✍

　　那天早上稍晚之時，我們去了醫院同一條街上的一家咖啡店。我啜飲著拿鐵，問瑞秋，她和外科醫生會面時，怎麼能夠那麼平靜？

　　「我講個故事給妳聽，」她說。

她講述，當天早上，她勉強自己起床，想到要去看醫生，心中害怕萬分。醫生要在她面前揭曉報告結果，宣布肉瘤是否已經轉移到身體其他部位，還會建議她接受哪種手術。

　　在渡輪上，瑞秋彎腰駝背地坐在椅子上，與她結縭二十五年的丈夫麥可就在身旁，她卻彷彿孤身在另一個時空裡。她告訴我，她感覺自己像是形單影隻地坐在一片木筏上，在海洋上隨波逐流，回頭無岸，四望都看不到任何一處陸地。瑞秋回想著，開船後大約十五分鐘，她模糊聽到渡輪廣播，她聽到麥可嘀咕說右舷有一群虎鯨。他提議他們一起去甲板看個究竟，但瑞秋搖了搖頭。她記得，當時她低頭看著慢跑鞋，發現鞋帶鬆了。她想起，那天早上稍早出門前，她就任由鞋帶這麼鬆著，沒有綁好。

　　她心想：我才不想淋雨，我以前就看過虎鯨，以後也會再看到牠們。她覺得現在的自己不像自己 ——那個喜歡在約翰斯通海峽（Johnstone Strait）泛舟、炎炎夏日夜晚睡在戶外的人，現在感覺像是個遙遠的陌生人。

　　突然之間，有一股強大、隱形的力量，把瑞秋拉

離座椅，力道強烈到她無法抵擋。她走出客艙，步入充滿野性、颳著強風的清晨日光裡。海洋一片鐵灰色，接近黑色的天空，在地平線上和海洋連成一片。船的甲板因為潮濕而閃閃發光，風吹開了她沒有拉上拉鍊的保暖外套，雨打著她沒有遮蔽的頭，濕透的頭髮貼著頭皮。她看到麥可和其他三人擠在右舷最尖處，望著海洋。

　　她伸手拉住甲板的欄干，加入他們的行列。就在距離渡輪大約一百呎處，有一隻大虎鯨浮出洋面，她看到那黑與白的身影閃現。一股喜悅的激動情緒流遍她全身。她很快地數了數，這個鯨群有七、八隻，在附近浮起又潛下，牠們的背鰭指向天空。虎鯨的氣孔朝天空噴出一道氣霧，然後消失在尾流浮沫之下。有兩隻年幼的虎鯨模仿媽媽游潛，瑞秋知道這可能是一個定居型虎鯨群，成員多達四代。

　　那天站在甲板上的風雨裡，瑞秋覺得看到虎鯨可能不過是幸運的一刻，但她希望不止於此。她想要相信，牠們來這裡是為了給她支持，帶她脫離孤單和絕望。她曾經讀到，虎鯨群裡如果有成員病了，其他成員會輪流在下方撐持牠們衰弱的家庭成員。

瑞秋打開她的眼界，她感覺到許許多多世代的西岸子民，數千年來一脈相承地在那道海岸線生存與死亡。無論她活多久，她知道自己一定都會在一個集體故事為世人所記念。無論外科醫生那天早上稍後會給她帶來什麼消息，無論她是否很快就要面對死亡，或者還可以活很久，這些都不重要了。

　　生命在她眼前延展，就像時間洪流中無數的人和物種都曾經看過的一樣。在歷經意識拓展的那一刻，瑞秋進入深沉的平靜狀態，她稱為「豁達」。她告訴我，在和列斯汀醫生會面的全程，那股平靜一直與她同在。

𝒮 𝒮 𝒮

　　八天後，我穿過一道道「非工作人員勿入」的門，來到加護病房。在醫院工作，讓我有推開禁門的信心。大部分病床上都躺著昏迷的病患，身上裝著呼吸器、管子和靜脈注射器。辛勤的護理師手裡拿著記事板，監看螢幕，忘卻他們在家裡的生活。不時有機器警報聲響起，召喚人員前去關注。

　　我答應瑞秋，在她手術後，就盡快為她進行觸

療。我們兩人都讀過一項研究，證實這種能量運功，可以大幅減緩術後疼痛，尤其是幻肢痛。

　　我彎腰，在瑞秋的臉頰上吻了一下。她的呼吸殘留著麻醉劑的氣味，她看起來疲倦又放鬆，就像當天手術後大部分的病患一樣。

　　她虛弱地微笑。「非常謝謝妳來。妳好嗎？」

　　「看到妳，我很開心，」我說。「疼痛的情形如何？」

　　「喔，我裝了這個玩意兒，」她說完拉下被子，給我看一個病人自控式止痛給藥幫浦，它連著一條細管，細管從兩節椎骨之間插入硬脊膜外腔。這是控制術後疼痛最有效的方法，瑞秋可以在她需要時增加劑量。

　　「我現在的情況很好。麥可剛剛出去找東西吃，妳來得正是時候，先做點觸療如何？」她問道。

　　「我來這裡，就是為了這個。」在這種通常會讓人感到無助的情況下，我向來樂意提供「實質」幫助。瑞秋和我施行、教導觸療法多年，我看過這項技巧讓無數人的疼痛在三到四分鐘內得到緩解。不過是把雙手放在距離人體上方幾吋之處，從頭頂到腳趾緩慢地移動，怎麼會有如此深刻的舒緩效果？對此，我還是沒能徹底理解。「麥可還是不學觸療法？」我拿

我們之間的這個老笑話來說笑。即使他曾經多次接受觸療法，每次也很喜歡那種放鬆的感受，他還是有所質疑。觸療法的放鬆效果，和一個人是否相信觸療法無關。

　　我輕柔地拉開被單，焦慮在我胃裡翻攪。我閉上雙眼幾分鐘，好讓自己安定下來。我在心裡默禱，為瑞秋和加護病房裡的每個人祈福，祝願他們恢復良好。我把右手放在瑞秋僅剩的腳的腳底板，左手輕觸她的腳踝，一股熟悉的寧靜感向我周身襲來。她開始安定下來，我聽到她柔和的吐氣聲。我握著她的腳長達兩、三分鐘，想像著任何緊繃都從腳底板流出，進入我的手，然後從我的身體一路往下傳到腳，最後沒入我的腳下之地。接著，我輕步移向床頭，我的雙手放在她身體上方幾吋之處，手心朝下，緩慢地往下抹動，從她的頭頂，往下到她的軀幹，再到她的左腿和腳，包括她之前右腿和腳所在的空位。根據這項技巧的創始人克里格博士的說法，比起焦慮的施行者，如果施行者能夠平靜、穩定，病患會更快舒緩、放鬆。我覺得，這個過程也能讓我平靜下來。

　　我在心裡回想虎鯨群的畫面，還有牠們在廣大空

間裡長途旅行的安適。我祝福瑞秋，在她學習如何優遊於她的世界的新方法時，能蒙福得享這份安適。我注視她的臉龐，在夢境拂來之時，她臉部的肌肉放鬆而柔和，眼皮微微抽搐。隨著她蕩悠著進入夢鄉，她的呼吸也變慢，並且加深。

♋ ♋ ♋

雖然瑞秋和我沒再一起參加虎鯨島的夏日工作坊，但我們不時會通電話或電郵。我們兩人都過著忙碌而積極的生活。瑞秋的那場手術，已經過了將近二十年，而她的癌症不曾復發。

# 4 　約翰：恐懼消失

「我知道，這話已經說爛了，但是老實講，我不敢相信這會發生在我身上。」

約翰扭著他48歲的雙手。

「但是，說真的，為什麼不是我？這件事，我在家族裡看多了。晴天霹靂！是癌症。可是，這種癌症並不妙。妳和我都知道，得肺癌通常就是宣判死刑，不是嗎？」他的問題扎了我一下。

「我很遺憾，」我說。

這是我和約翰的第一次見面。一週前，他在我的電話裡留了言。「您能幫我安排諮商嗎？我的腫瘤科醫師要我打電話給您。」他當時聽來十分沉穩，彷彿在為自己的病患約診。他是一位家庭醫生，執業已經超過二十年。

「至少我的孩子還不錯，一個已經進大學，另外

兩個也快要上大學了。他們是我的驕傲，他們會一切順利的。」他的臉頰濕了，面紙盒就在旁邊，我讓對方自己拿面紙，而不是主動遞上面紙，以免打斷情緒的宣洩。

當生命遭遇死亡，有些人會奮力保護他們的生活，在工作、家庭生活上，都竭盡所能維持原樣，讓一切看起來如常。只有在必要時，他們才會讓自己的生活慢慢瓦解。約翰不同，他選擇俐落地一刀兩斷。

我留意到，在處理轉變時，有的人能夠彈性應對，有的人則是困難重重。當假期結束要重回工作崗位時，有的人可以帶著假期探險之旅的好心情，立刻投入例行事務，按表操課；有的人卻一邊回味著假期，一邊反覆思量自己是不是真的喜歡現在的工作，可能要花好幾天重新調整，才能夠收心投入工作。有的喪偶者可能會找到哀悼的方法，同時在配偶死亡後幾個月內覓得新的關係，兩種經驗之間沒有任何扞格。有的守喪者卻覺得沒有摯愛的人在側的生活難以承受，要花好幾個月、甚至好幾年，才能夠恢復社交生活，有的人則是永遠不再與人親密來往。我想，約翰可能就是那種能夠輕鬆自如應付變動的人。

「即使這個化療能有一陣子的效果，也無法讓我活很久。我上週給我所有的病患發了一封信，告訴他們我得了不治的癌症，就要結束執業。他們都非常不安，但是我必須這麼做，」他說。「我熱愛我的工作，但是現在最重要的，是我自己和我的家人。」

在客戶關係的早期，我會尋找他們的核心力量。他們在成長過程中，得到哪種支持和鼓勵？大人相信他們嗎？他們覺得有安全感嗎？他們覺得自己被愛嗎？如果不是，生活的挑戰是增強或削弱他們的自我感？

約翰性格的優勢明顯可見：從他與我對看的方式、他說話的音色、他挺直的背脊、他超越內心痛苦的能力，都可以看得出來。

♋ ♋ ♋

約翰一週來找我諮詢兩次，在我們的諮商經歷六個月後，有一次，他的舉止態度出現變化，變得對自己比較沒把握。他性格裡的優勢，不知怎地變弱了，我注意到他的身形消瘦，呼吸急促。

「我無法停止恐懼。我無時無刻不害怕。」他直視著我的眼睛。「我不斷想到死亡。」

　　堅毅不是無畏無懼的保證；不是當了醫生，就能與恐懼絕緣。

　　「像這樣感受到恐懼挾制，令人不安，」我說。「就像你從病患身上得知的，身體有求生的本能，威脅當頭時，戰或逃反應會刺激腎上腺素和皮質醇分泌，進入神經系統。好消息是，我們可以學習分辨真實威脅與假想威脅的差異，你可以學習驅散想像中的恐懼。」

　　「很好。妳可以帶我脫離悲慘嗎？」約翰因為略微鬆了一口氣而露出微笑。

　　「恐懼就像迷霧，瀰漫在所有事物間。如果我們分解恐懼，讓它們變得更具體，探究自己究竟在害怕什麼，就比較不會變成恐懼的俘虜，也比較不會受到它的箝制。你願意試著具體指出你的恐懼嗎？」我問道。

　　「不這樣的話，我想不到還能夠做什麼了，」他開玩笑道。「當然好，為什麼不呢？如果妳認為有幫助的話。」約翰接過我遞給他的筆記本，手輕微地發抖。他從西裝外套左胸口袋掏出一支鋼筆說：「我愛這支筆，這是我在開處方時用的筆。」

　　約翰振筆直書時，我注意到我左手邊牆面上一張

大型裝框照片，那是我的亞歷桑那之旅紀念照。照片裡，陽光通過暴洪數個世紀沖刷刻蝕而成的狹長裂口，映照著羚羊峽谷（Antelope Canyon）的砂岩壁面，這幅景象安撫了我。變幻莫測的氣候型態如何創造出這天地之間的美，讓我想起人們如何在自己人生的極端氣候類型裡航行，事過境遷之後，雖然筋疲力盡，卻變得更好。

我知道約翰需要足夠的時間，才能夠詳盡寫下他的恐懼，恐懼可能隱藏在心靈最黑暗的角落。他的列表，很快就寫到第二頁。

恐懼通常是由對未來或過去的想法所觸發，減緩恐懼糾纏的一個方法，就是讓自己單純轉念於當下。藉由某項活動，把注意力從內在思想與感覺的世界，轉移到有血有肉、有行動，並與他人互動的有形世界，就能夠鬆綁恐懼對我們的挾制。當我看著約翰的手在紙張上橫向移動，我感覺到，雖然他的心神專注於令人害怕的想法，書寫這個簡單的動作，正把他內心的想法轉移到紙頁上。書寫這個動作，相當有助於平息他的恐懼。

約翰把金色筆蓋套回他的鋼筆旋好。

「你要不要大聲唸出你的清單？」我問。

「好。」約翰鬆開原本交錯的腳踝，直起背坐好，擺出一副要朗讀的正式坐姿。我想，他在事業上，一定做過很多演講。

「害怕錯過。

害怕死時有遺憾。

害怕娜塔莉太快再嫁。」

他停下來，眼光從頁面離開，抬起頭說：「這比我想的還難受。」

我點頭回答：「慢慢來，不要急。」

「害怕娜塔莉搞砸財務，沒有留給孩子足夠的錢。

害怕娜塔莉沒有我會不知道該怎麼辦。

害怕死的時候會痛。

害怕窒息。

害怕死在醫院，身上插滿管子和導管。」

約翰的手掌摩娑著他的鼻和口，彷彿要擋掉維生器材的入侵。

「害怕讓別人處理我的工作檔案。

害怕過度依賴我的家人。

害怕我的母親會精神崩潰。

害怕失去我的幽默感。

害怕我的狗比我先離開人世。」

講到幾乎說不出口的失落時，他的聲音化為一陣輕語。

「害怕說再見。

害怕不存在。

害怕苟延殘喘得太久。

害怕恐懼。

害怕孤獨死去。」

約翰長長地嘆了一口氣，拿下他的老花眼鏡，抬起頭。

「知道為什麼我晚上睡不著了吧？」

「我知道，」我說。「現在你大聲說出了你的恐懼，你有什麼感覺？」

「那些恐懼變小了，好像我可以成為主宰，好像

它們無法控制我，」他回答。「我也意識到其他事物，那比較難描述，就是我內心深處有種篤定。我知道，不管發生什麼事，我都會沒事的。」

「你可能已經發現，你列出的害怕事項當中，有些我們可以處理，有些就不是那麼容易，」我說。「你下次要不要帶娜塔莉一起來？這樣我們就可以談談一些與她有關的恐懼。」

「我不確定她是不是準備好了，」他回答。

「大部分的人對於失去摯愛都沒有準備，」我說。

約翰眨了眨眼，收住眼淚。「我會問她。」

ဆ ဆ ဆ

兩週後，娜塔莉和約翰一起來參加諮商。他們並肩坐在沙發上，約翰的右手放在她的大腿上。我注意到，約翰的指甲泛青，這是血液循環缺氧的跡象。

娜塔莉的黑髮往後梳起，用一枚大玳瑁髮夾固定，露出她一雙棕色大眼和細緻五官。她的嘴唇新抹上一層亮紅色的唇膏，她緊抓著約翰的手，忍著不哭出來。

「他是我的靈魂伴侶，」她說。「1990年代初期，

在我們相遇的那一刻，我就知道他是。不要誤會我的意思，我們有時吵架吵得很凶。他有和妳說他這個人有多麼固執嗎？」

　　我搖搖頭。「不過，我不覺得訝異。」我反覆看看她，又看看他。「我很高興妳找到妳的靈魂伴侶。這讓這一切都更悲傷，對嗎？」

　　娜塔莉的臉垮了下來。「我沒有辦法談這件事，我真的沒有辦法。」她用面紙迅速拭去她臉頰上的淚水，然後用力擤擤鼻子，目光瞥向身旁的約翰。

　　「好吧，你說，我聽。或許我還可以面對，」她說。

　　約翰望著我。我點點頭。

　　「娜塔莉，我在這裡開始探究我的恐懼是因為，妳很清楚，雖然我每天晚上睡前都服用安眠藥，但是每天早上我都在驚恐中醒來。我的恐懼，有些和妳有關。」他看著她說。

　　「繼續說，」她說。

　　他的聲音顫抖，雙眼搜尋著我的目光。

　　我回給他一個「繼續說」的眼神。

　　「這聽起來或許很奇怪，但是我害怕在我死後，妳會太快就往前走，找到另一個他。親愛的，或許這

終究沒什麼關係，我希望妳可以找到別人，但是不要太快。」他的聲音變得微弱。

「你是說真的嗎？」娜塔莉問道。「你認為我會有時間嗎？別忘了，我會變成單親媽媽。」她的黑色眉毛立刻皺起，又在瞬間放鬆。

她的聲音變得柔和。「除此之外，你是無可取代的。真的，你無可取代。還有誰能夠忍受我？」她舉起右手，輕柔地撫摸他凹陷的臉頰。

一陣後悔浮現，約翰靜靜地說出他的內心話。

「我還沒有說到我那些年做了什麼。當時，我有外遇，妳原諒了我，但我還沒有原諒我自己。妳知道嗎？妳讓我回到妳身邊，但是我痛恨自己做過的事。」

「哦，拜託，你還在想那件事？你想要的話，儘管帶著它進墳墓，但是拜託幫你自己一個忙，讓它過去吧！」娜塔莉用求助的眼光看著我。

「聽起來，娜塔莉已經原諒你了。是什麼讓你不肯原諒自己？」我問。

「我厭惡自己那樣對待她。我不知道怎麼原諒我自己，有時我覺得我死是活該。」

我的心跳停了一拍，當我內心深處有微光閃爍

時，有時就會這樣。我曾經聽過這種告白，有個人相信癌症是行為不端所得到的懲罰。懊悔是有益的人類情感，它能觸動我們對自己傷害的摯愛者的情感，讓我們能夠負起責任。但是，罪惡感沒有幫助，因為它的根源是對自己的嫌惡，它讓我們與所愛的人隔絕。

娜塔莉傾身看著他說：「約翰，親愛的，你並不該死。你是很好的丈夫，你做了一件蠢事，但你也是人。拜託，放下那件事，往前走。」

然後，她的情緒潰堤了。

約翰的手覆蓋著她的手，輕柔地從她的手腕到她的指尖來回撫摸。「甜心，我傷害了妳，我很抱歉。」她抬起頭望著他，眼中洋溢著溫柔。他繼續說道：「我很抱歉，我就要離開人世。我為我、為妳、為我們所有人感到難過。」

她點頭說道：「我也是，我會很想很想你。」娜塔莉把頭靠在約翰削瘦的肩頭，他用盡所有力氣擁著她。

諮商室的空間在安靜中擴大。我聽到時鐘的滴答聲，和外面在雨中呼嘯而過的車聲。

ℒ ℒ ℒ

接下來兩個月，我們探究了每一件約翰害怕的事。有時只有約翰和我，有時娜塔莉或約翰的母親也會參加。有幾次是三個孩子來到這裡，有時有父母陪伴，有時沒有。

　　當約翰因病情嚴重而無法來我的辦公室時，就換我開半個小時的車到他們家。在他狀況還可以的時候，他會換好衣服，我們就在偌大的廚房另一頭的小書房裡，在火爐旁談話。

　　如果他疲倦到無法下樓來，他就在他那明亮寬敞、窗外看得到一棵老山茱萸的臥室接待我。在我們談話時，娜塔莉就躺在他身邊，而免不了地，他們的邊境牧羊犬「黑影」也會蜷著身子，窩在我腳邊的地板上。

　　在番紅花開始從冷冷的地上冒出頭的時節，有一天下午，我問約翰：「你的恐懼現在怎麼了？」

　　「妳知道的，說來奇怪，但是那些恐懼已經消失了。三個月前，我們第一次確認清單時，我寫下的那些恐懼，全都不再糾纏著我。為什麼會那樣？」約翰轉頭看著我的眼睛說。我注意到他的眼白是淡淡的黃色，這是他的肝臟正在衰竭的徵兆。

「你很努力趕走恐懼，你面對自己的心魔，這讓你得到釋放，因此自由。當我們接受自己對於生命的掌控力有多麼微小時，恐懼就沒有著力點，」我說。

　　約翰繼續說道：「死亡沒有我想的那麼可怕，只是你必須願意承認自己的脆弱，並且尋求協助。那一直就不是我擅長的。嘿，親愛的，妳說是不是？」他使出全身力氣，擠擠娜塔莉的手。「想像死亡，可能比真正的死亡更可怕得多。這麼說有道理嗎？」他問。

　　「我覺得很有道理。當我們站在控制的觀點預期死亡，一想到自己將失去控制權，恐懼就會湧現，」我回答。「我們的想像，會立刻用各種情境填滿我們所剩的寶貴時間，其中大部分永遠都不會發生。會發生的事，無須害怕。當我們沒有什麼選擇、無法掌控，就只能順其自然。但是，在更深的層次，我們心裡知道、也理解正在發生的事，以及要做什麼。我們只是需要一點提醒。」

　　「沒錯，我感覺我內心有部分知道怎麼做，」約翰微笑著說。

ဆ ဆ ဆ

四月某天的午後稍晚時刻，我收到娜塔莉一通語音留言。

　　「妳會來嗎？約翰看起來好像熬不過今晚。」

　　我走到前門，脫掉我的鞋子，輕手輕腳穿越廚房，走到小書房內。兩週前，約翰終於還是虛弱到無法爬樓梯，於是他們在那裡放了一張病床。他想要待在家裡的動線中心，能夠參與家庭活動，一起用餐、寫功課、觀賞最愛的電視節目等。

　　沿著窗台排列的香氛蠟燭散發著光芒，壁爐裡的柴火微弱地燒著。娜塔莉窩在床邊的一張扶手椅上，床的圍欄放低，這樣她就可以握著約翰的手。

　　「孩子們剛上床，我要他們先去睡，他們累了。」她指指火爐邊的一張椅子。「把椅子拉近一點。謝謝妳來。」

　　她凹陷的眼窩比上次我來時更深了。鄰居和朋友送來雜貨和熟食，娜塔莉告訴我，她已經三天沒有出門。他們的女兒瑪麗在學期中從大學返家，另外兩個孩子那週都不想去上學。

　　我彎身，在約翰的耳邊低語。

　　「嗨，約翰，我會和娜塔莉一起坐在這裡，陪你

們兩個人一下子，希望你不介意。」我輕摸他的額頭，把幾縷亂髮沿著他的髮線攏好。我坐在娜塔莉身旁，安歇在守夜的寧靜裡。我們彼此太熟了，連閒聊都不必。我們一起坐了大約有半個鐘頭，聽著氧氣流進約翰緩慢衰退的肺裡的聲音，後來娜塔莉的頭斜倚著我，眼睛注視著約翰。

「時候快到了，是嗎？我想，他已經準備好要走了，」她喃喃說道。

約翰的臉柔和而放鬆，沒有痛苦或悲傷的樣子。他張著嘴巴，呼吸淺而無力。氧氣通過細細的鼻管，輕輕流進他的肺。

「妳營造了這麼有安全感而溫馨的氣氛，這對他的幫助很大。他可以依靠妳，把自己交託給這個過程。時候快到了，」我回答。

「感覺好像所有的話，我們都已經說了。他知道我有多愛他，他也知道我還不想找人取代他。親愛的，對吧？」她朝著約翰的方向眨眨眼。約翰沒有一絲反應，我知道約翰已經昏迷。他可能會在幾個小時之內去世。

「不用怕，妳可以躺在他的身邊。床有點窄，但

還容得下妳，」我說。

娜塔莉點點頭。「我本來想要這麼做，但又怕傷到他。」

我們再度陷入沒有邊際的靜默。我在那裡待了整整一個鐘頭，感覺所有事情都已經妥當。我從椅子起身，彎身靠近約翰。

「我現在要回家了。我會密切關注娜塔莉和孩子們，他們會找到方法度過這件事。」我輕輕在他的頭頂親了一下。

我伸出右手，撫摸著娜塔莉的臂膀，喀什米爾衣料在我手中的觸感是如此柔軟，我可以感覺到衣料下她的前臂所散發的生命熱度。

「妳今晚一個人可以嗎？」我問。

「我想可以。孩子們告訴我，他們不想在最後那一刻待在房裡。應該沒關係，是吧？」她看著我問。

「我相信孩子們知道自己需要什麼。如果他真的在今晚去世，妳可以等到早上，問他們想不想看看他。很多孩子都想要這麼做，但最好還是讓他們決定。他離開後，不需要急著做什麼。妳可能會想在他離開這棟房子之前，有些與他相伴的時間。」

娜塔莉挽著我的手臂，送我到前廊。

「我要怎麼知道，他的時候真的到了？」她問我。

「妳有沒有注意到，約翰的呼吸每隔幾分鐘，就會有幾秒鐘沒有呼吸的間隔？這個間隔隨時都會變長，到最後出現那最後一次呼吸，」我說。

娜塔莉點點頭。「那就是呼吸暫停，呼吸之間出現長的間隔嗎？」

「是的，」我說。「我經常在想，在回復呼吸之前，停留在沒有呼吸的狀態是什麼樣子。我想像那是一個不同的意識空間，不是我們的心智所能理解的。或許，就像在決定以一個新國度為家之前，先到那裡旅行個幾次。」

「我喜歡這麼想：死亡或許沒什麼，在身體死亡後，還有一股能量會延續下去，」娜塔莉說。「約翰從來不相信這種事，但我寧願認為，他的靈魂會融入一個愛的寬廣空間。」

「我也喜歡這麼想，」我說。

有時，在我看來，靈魂彷彿會在死亡迫近時顯現。如果我們只關注衰弱的身體，注意身體的顏色和溫度變化，注意從淺層、緩慢或急促的呼吸所散發出

來的酸味或甜味，或是發出的咕噥或呻吟的聲響，或是聽不懂的字句，我們或許會錯過一股細微到幾乎無法察覺的能量，散發自柔和的雙眼或半透明的皮膚。我們可能會沒有注意到房間本身醞釀的一種蕭穆。

　　有時，由於悲慟太深了，除了我們正要失去的人和事物、我們會想念的，以及我們要如何面對的一切，其他的我們一概無力注意到。我們有時只能希望真有靈魂存在，在我們因為失落感而沒能注意到時，它會知道該怎麼做。

　　在和約翰與娜塔莉同處一室的那個晚上，我確實感受到一股能量，不受肉體處於垂死狀態的影響，一種在隱然中安撫我、幫助我信任死亡過程的存在。我那晚的心碎，是為了娜塔莉和樓上三個已經入睡或嘗試入睡的孩子。

　　娜塔莉和我相互擁抱，我們都知道，這是約翰在世時，我們的最後一個擁抱。我從前門離去，在靛青的夜色裡，深吸一口冷冽的空氣。

　　約翰在那天凌晨兩點到兩點半之間往生。娜塔莉在早上八點打電話給我，告訴我她那時睡著了，她躺在他的身邊，手臂貼著他的胸口。他在她睡著時，嚥

下了最後一口氣。當她醒來時，只聽到氧氣輸送輕柔的嘶嘶聲。

# 5 丹恩：為自己訂做臨終

蒂娜遞給我一張紅色卡牌，上面有一方小小的黑白大頭照，是個戴著軟呢紳士帽、太陽眼鏡的男人。卡面上從左到右印著「丹丹小卡」字樣，我把卡片翻到背面，讀道：

能力：

1. 永遠不要停止自問：「我是誰？」
2. 對自己和他人誠實。
3. 滿懷熱情追求你關心的事。
4. 珍惜社群、朋友和家人。

玩法：

1. 丹丹：成為夥伴的支柱。
2. 丹丹自己：做自己的支柱。

ɷ ɷ ɷ

　　迪倫為弟弟丹恩的「生命禮讚」派對設計了卡片，這場活動的舉辦時間是丹恩自己訂的死亡日的三天前。一年前，醫療輔助死亡（Medical Assistance in Dying, MAID，俗稱「安樂死」）在加拿大合法。

　　「我們八十個人，每個人都有一張，」兩個月後，蒂娜在我的辦公室與我同坐時這麼說。她在上了一天班之後過來，她告訴我，回去上班有助她分散注意力，放下悲傷，雖然夜晚很難熬。她說：「現在沒有丹恩在我們身邊嘮叨，迪倫認為我們需要這張卡片，提醒我們他對我們堅定不移的信心，他相信我們會讓這個世界變得更好。」

　　如果你的另一半生氣或心情不好，你可以從口袋掏出這張卡片，給對方「丹丹」一下，或是當你自己需要一點鞭策時，也可以給自己「丹丹」一下，振作起來，採取行動。受到大家熱情封為「丹恩大師」的丹恩，在他三十六年的人生裡，大半時間都在鼓勵家人和朋友像他一樣追求個人成長，成為這個世界的行善力量。丹丹小卡就像一張護身符，為的是讓丹恩大

師在眾人的生活裡繼續同在。

　　出生於1981年的丹恩，在過了健健康康的十六年之後，被診斷出患有家族性腺瘤性息肉症（familial adenomatous polyposis, FAP）。這是一種天生的結腸疾病，會引發腹痛和腸阻塞。在接下來的十五年裡，丹恩透過飲食、運動和個人成長課程改善健康，但是最後在2010年12月，也就是他29歲時，選擇了俗稱「惠普手術」（Whipple procedure）的大範圍手術，切除他的十二指腸、膽囊和胰頭，希望能夠移除多處息肉，這些息肉有99%的機率會出現癌變。

　　FAP患者約有10%到20%會出現硬纖維瘤，雖然是良性的，卻會引發嚴重到危及性命的問題。丹恩在接受惠普手術後一年長出這些腫瘤，因而必須再動一次手術，切除整個結腸。2015年秋天，丹恩幾乎要死於一次出血，接下來的兩個月，大半時候都在進出加護病房中度過。在復元到能夠出院回家後的七個月內，他又遭受一連串有生命威脅的感染，不得不多次回院。我們見面的那個時候，丹恩已經歷經九次手術；他還能夠活著，全靠持續的抗生素注射和全靜脈營養液（Total Parenteral Nutrition, TPN）。我們見面

的一個月前，在他與外科醫生的最後一次診療中，丹恩得知他已經沒有任何手術可以做了。不久後，他開始和妻子、家人，還有家庭醫生討論安樂死。

☙ ☙ ☙

　　丹恩在2017年2月初拜訪我們的辦公室，要求找可以進行「有尊嚴地死去」相關諮詢的諮商師談話。對丹恩來說，「有尊嚴地死去」意謂行使他的法律權利，選擇在醫生的協助下自殺。他與妻子蒂娜、他哥哥迪倫一起來做第一次諮商。

　　我等丹恩在背後墊了幾個靠枕、在沙發上安坐之後，告訴我他的故事。他疲倦的眼神告訴我，他對於又要再和另一個「或許」幫得上忙的醫護人員細訴自己的艱苦人生感到厭煩。他做了個深呼吸，然後開始講話，不時停頓一下，喘口氣，或是由蒂娜或迪倫補充細節，好休息一下。他告訴我，他的疼痛一直沒有停過，勞累耗盡他的元氣，即使有全靜脈營養液，他的體重還是一直往下掉。他講述一連串的創傷遭遇，每一次都不得不把自己衰弱的身體，全權交給一個終將束手無策的醫療照護體系。

丹恩所說的每個字，都裝著滿滿的疲累。他的聲調有氣無力，就好像彈太久而失去音準的吉他弦。他的故事說得很詳盡，希望我能理解他已經走到路的盡頭，生命無法再承載他的夢想與熱情。他解釋，如果還有選擇，他會不斷奮戰，但他已經沒有選擇了，所以他要學著接受死亡，也幫助他的家人和朋友接受他的死亡。

　　蒂娜和迪倫專注聽著丹恩說話，讓他追憶陳年過往。迪倫說，丹恩每次看診都會給醫生看一張清單，詳細列出他的問題和顧慮。

　　「醫生通常會聽丹恩的，他們說，他知道的比醫生還多。丹恩總是問：『你曾經看過這個嗎？』，或是『這樣正常嗎？』一日工程師，終身工程師。我們都是優秀的問題解決者。」

　　丹恩說，他決意不要在醫院死去，他已經花了太多歲月在那個地方。「基本上，我已經厭倦成為醫療實驗，」他說。「我想要掌控結局，不要身上接著管子和機器死去。感謝上帝，現在有安樂死，否則我不知道該怎麼辦。」他用一種探問的表情望著我，彷彿想要推敲出我對這件事的立場。

「你憑著征服人生的那股頑強意志，主宰你生命的盡頭。除了你自己，或許還有在你人生大半歲月中日夜陪伴你的蒂娜，沒有人真正理解你歷經了多少磨難。相信自己，去做對的事。」丹恩看了蒂娜一眼，她想起那些回憶，臉垮了下來──那些更換被汗水濕透的床單的夜晚，她對於疼痛能夠得到緩解的希望，隨著他每次痙攣而消失。看著你最愛的人受苦，卻幫不上忙，本身就是一種折磨。

丹恩繼續傾吐他的人生經歷，彷彿已經等了好長的時間，把它們全部串成故事。當他顯得猶豫而退縮時，蒂娜會點頭鼓勵他繼續講，偶爾一顆淚珠滾落她的臉頰，她迅速抹去。大約四十分鐘後，丹恩的故事時序進入現在這個階段，我把焦點轉向在這許多創痛經歷發生之前的人生。我想要知道，在他的疾病左右他的人生之前，他是個什麼樣的人。

我問：「關於你自己，你最想念的是什麼？」

「我想念冒險、旅行，和朋友們一起做些事，」丹恩答道。「我們有兩年在泰國生活和工作，那是一段驚奇之旅。」丹恩握住蒂娜的手，看了她一眼。他的眼裡泛起懷舊之情，在情緒還沒泛濫之前，迅速轉

換心情。「我也懷念那座園圃。妳知道『大道上的綠夥伴』嗎？」他問道。我搖搖頭，我沒聽過。

「我決定不再當工程師之後，開始和我最好的朋友一起創業。我們想要教大家怎麼自己種蔬菜，即使在市區公寓也可以。」丹恩自豪地微笑。「我們創立了第一家社區支援的垂直水耕栽培城市蔬菜農場，」他說，眼睛迸出一股小小的能量而閃閃發光。「我們想要為自己建立一個社區。這對我們真的、真的很重要，而且它成功了！」

丹恩垂下頭，沒再往下說了。我可以感覺到，他已經迎來人生的終點 —— 一個曾經有使命和願景的人生，一個再也沒有選擇的人生，以及一個需要力氣、但再也榨不出一絲力氣給它的人生。

「這件事，我再也做不到了，」丹恩輕聲說，抬頭看著蒂娜。

蒂娜說：「我知道。我沒有要你做到。」

⅋ ⅋ ⅋

兩週後，丹恩和蒂娜分別與兩位醫療輔助死亡評估人員會談。他們要確認丹恩是否符合實施安樂死的

條件：1.）至少18歲，而且能為自身醫療做決定；2.）
患有無法治癒的嚴重疾病，而且處於不可逆的衰退狀
態晚期；3.）持續承受令人無法忍受的痛苦，而且無法
以病患能夠接受的方式緩解痛苦；4.）死亡為可預見的
合理結果；5.）自願要求安樂死，而非外來壓力或影響
的結果；6.）在得知所有做決定必要的資訊後，同意接
受安樂死；7.）具備接受加拿大公費醫療服務的資格。
丹恩符合所有條件，並且完成書面作業。他先決定在
四月接受安樂死，之後再選定是哪一天。

♄ ♄ ♄

　　我請了兩週休假，在那段期間，丹恩打電話來，
問他和父親能不能來諮商？他有幾件事想和他父親
談，他認為對話時有第三人在場會有幫助。我有位諮
商同事能夠和他們約談，後來丹恩告訴我，那次諮商
幫助他對父親誠實。「我已經和過去、和所有事情和
解，」他說。

　　「他對於你決定安樂死，有什麼想法？」我問。

　　「一開始，他很難接受。誰不會阻止自己的兒子
自殺？但是，他現在能夠接受我的決定，到時候他也

會陪我。」

　　「那你的母親呢？」我問，因為他沒有提到母親。

　　「說來難過，她有失智症。我只能等時間快到時，再告訴她我的計畫。因為這件事對她來說難以理解，也會令她完全不知所措。」

　　丹恩告訴我，在他決定接受安樂死的日子後，他打算在那一天大約一週前和母親見面，試著向她解釋自己的決定。

ℒ ℒ ℒ

　　下次我再看到丹恩，是我們第一次諮商後一個月的事。他和哥哥迪倫一起來，談了兩個小時關於他們兄弟之間的情結和親密的生活。他們重溫了一起生活的歲月、手足關係的高低起伏，我可以感覺得到，他們的回憶將兩人緊緊相繫在一起。我也感覺得到，對迪倫來說，當他們的手足關係在丹恩缺席之後重新定義，這次對話將會是他日後哀悼時療傷止痛的膏藥。當我們愛的人離世之後，那份愛會持續下去，尤其是我們並未因為缺乏對話而覺得心事未了時。

　　那一天，兩兄弟離開這棟樓時，我記得我佇足看

著他們離去的情景。他們走下樓梯，一路不斷對話，聲音從打開的窗口傳了進來。當他們穿越街道，迪倫伸出手，環抱丹恩皮包骨的身體，把他緊緊擁在胸前。他們已經開始在告別了。

　　我為這兩兄弟展開這場對話的勇氣感恩，許多家庭都選擇不要進行這種對話，因為這需要願意放下表面的武裝，顯露柔弱的一面。家人通常會擔心，與所愛的人談論死亡，可能會被當成自己放棄希望了，這份恐懼後來可能化為家人的悔恨。臨終的人通常想要保護他們所愛的人，讓他們免於承受死別的傷害，因此選擇避而不談。丹恩和迪倫兩人，都選擇展開最困難的對話。

　　丹恩勤奮照料他的家人與朋友，用盡他僅剩的每一分力氣。他特別費心建立、維繫他身邊的社群，不只是為了有人在他人生最後幾週或幾個月成為他的支柱，也是在為他身後的親朋好友建立先例，讓他們看到如何表現自己的軟弱、彼此進行談話，為健康的哀悼鋪路。許多臨終者會在生命的盡頭選擇離群索居，斷絕與人群往來，因為他們不知道如何與人維繫關係，也不知道如何開口求助。在這兩件事上，丹恩都

是大師。

∞ ∞ ∞

我最後一次見到丹恩，是他與蒂娜一起來找我諮商，討論如何繼續下一步，決定安樂死的日期，並且複習一下他們最後的準備。那次見面距離我上次見他是一個月後，雖然他的身體變得更虛弱，但是他有一種已經完成工作的人所顯現的那種清醒，有備而來。

他說：「我想要在活著的時候，舉辦一場告別派對，而不是在死後舉行一場喪禮。或許，邀請八十個人左右，有家人和朋友。我爸爸會致辭，還有迪倫。我希望我也能說幾句話，但我沒辦法撐太久。」

丹恩訂了派對日期，就在他離世的三天前，也是我們最後一次見面的十天後。他還和一個朋友商量，借用她的公寓，因為蒂娜不希望他們的床和他們家，銘印著他死亡的記憶。他邀請了二十多個人出席他的死亡。

「妳認為，死後會發生什麼事？」那一天，丹恩突如其來問我。「我問每個人，因為我不知道自己相信什麼。」

「我也不知道，」我說。「但是，我的工作，尤其是協助不久人世的兒童的工作，讓我相信在我們的肉體死亡後，還有一種能量持續存在。」我向丹恩講述幾個孩子告訴我的故事，他們描述自己要去的地方，細節是如此精緻，情感如此真切，讓我難以否定人在嚥下最後一口氣後，有一種與意識結合的靈魂、個人能量的存在。他們的信念非常具說服力。

「請多說一些，」丹恩說。

「我在這些年的冥想修練，尤其是在長時間的避靜會裡，也有幾次體驗到那種身體似乎無邊無際、形體是一種幻覺的感知。我覺得，這些狀態很耐人尋味，但我終究還是活著，沒有死去，所以死亡還是一個謎，不是嗎？」我反問。

丹恩點頭回應：「我不大相信有來生，雖然我希望自己相信。」

※ ※ ※

丹恩上次來訪時，已經提到那個日期是哪天，但我沒聽到他說日期已經確定。那一天，我在桌邊點燃一支蠟燭，想著丹恩、蒂娜，還有迪倫，以及他們身

邊的那一群人。我希望，他的死亡如他所預想。幾天後，我沒有聽到任何消息，所以決定聯絡蒂娜。我只有丹恩的手機號碼，所以打了過去，以為沒人會接，或是蒂娜或許會接。令我訝異的是，電話那一頭是丹恩的聲音。「嗨，」他說。

「我是珍妮。我沒想到是你接電話。」

「為什麼？」

「我想你可能已經離開了，」我尷尬地說，不確定他是不是可能已經改變心意，或是發生了什麼事，讓他最後住進醫院。

「時間是週六，」他說。

「喔……對。你對一切感覺如何？」我問。

「我覺得很篤定，」丹恩回答。「我知道這是對的事，順道一提，謝謝妳所有的幫忙。」

「是你自己的功勞，丹恩。我從你那裡學到很多，我很敬佩你和你的家人，在整個過程如此清醒，而且充滿了愛。週六那天，我會遠遠地以我的愛圍繞在你的左右。」

「再見，」他簡短回應，掛上電話。

過去，我不曾與一個臨終者有過這樣的對話。死

亡從來不曾有一個一定會發生的「已知」時間。死亡時間的不確定性，永遠帶來一團迷霧，而我在得知對方已經離世的消息之前，會一直處於一種彷彿守夜的警覺狀態，懷著在守護某個神聖寶藏般的心情。我把這種守護心情，想成是某種祈念，願人生的那些最後時刻裡滿是安詳。

♫ ♫ ♫

蒂娜說，她認為丹恩會願意讓我把他的故事寫進書裡時，我非常感動。「他一向是那麼開放的一個人，他的死亡選擇也不例外。只要對方願意聽，他就會說他打算怎麼做。這件事關乎丹恩的社群，」她說。

丹恩去世幾週後，她來到我的辦公室，看起來比我上次看到她時更為放鬆。在喪期的頭一、兩個月，心理處於防衛狀態，會壓抑一些強烈情緒，這些情緒到後來才會浮現。這種機制能夠幫助人們日常生活維持運作，有助於撫慰那在該來時總會漫進來的孤寂和悲傷。

我問蒂娜，能否告訴我丹恩人生最後幾天的情況？她描述了那場八十人的派對，說如果我有興趣的

話，她下次會拿影片給我看。我說：「當然好。」

丹恩離世的那一天，大約有二十五個人在附近的海灘慢慢散步，有三個朋友彈吉他，唱著他們昔日最愛的歌。大約半個小時之後，他們踱步回到公寓，每個人在客廳圍成一圈而坐，每個人輪流和丹恩說話。「在場沒有一雙眼睛不流淚，」蒂娜說。然後，他們進行了一項儀式：丹恩和蒂娜躺在一張毯子裡，眾人拉著毯子，輕輕搖晃著，背景播放的是〈我要活下去〉（"I Want to Live"）這首歌。幾年前，丹恩參加了一項個人成長課程，在那裡得知這種儀式。蒂娜描述，丹恩在儀式全程表現得有多麼安詳。

在臥房，蒂娜知道兩名醫師（一位是安樂死的施行者，另一位為受訓者），以及一名護理師正在為程序做準備。丹恩準備好了以後，躺在床上，蒂娜和迪倫坐在床上，他的身旁。

醫生對丹恩描述要給他注射的藥物：第一種是讓他放鬆和鎮靜的藥物；第二種是讓他進入昏迷的麻醉劑；第三種是神經肌肉阻斷劑。接著，她問丹恩是否要她繼續進行，藉此取得進行程序的最後同意。在他指示他們開始進行之前，丹恩對站在他床邊圍成一

圈的人們，深入敘述了這套程序。他希望他們都能接
受他的選擇，即使這或許不合他們的心意。然後，在
繼續進行之前，他選擇到陽台上，在新鮮空氣裡與蒂
娜、迪倫和他父親共度最後一刻。等到丹恩躺回床
上，醫生把三種藥物注入丹恩的靜脈。沒多久，丹恩
沉沉入睡，當最後一劑注射結束時，醫生說：「他的
心跳已經停止。程序完成。」

　　蒂娜說，結束之後，在場的每個人彼此擁抱哭
泣。大約十分鐘後，他們離開公寓，到附近的餐廳一
起吃晚餐。迪倫和一個朋友，守著丹恩大約兩個小
時，一直到禮儀公司的人來載運丹恩的大體。然後，
他們才到餐廳和大家碰頭。

　　蒂娜告訴我，知道這群人像個共同體般，一起度
過丹恩的死亡，一如丹恩想要的那樣，讓她有一種深
深的安慰。

　　丹恩去世後一年，這群人聚會了幾次，沒有人對
丹恩的選擇表示過遺憾或疑慮。能夠參與這樣一場安
詳而有尊嚴的死亡儀式，他們只覺得榮幸，也為丹恩
能以自己想要的方式死亡而高興。

第二部

# 接受沒有解答的心事

「對你內心所有的不解，保持耐心。」

──萊納‧瑪利亞‧里爾克（Rainer Maria Rilke），德語詩人

就像出生，死亡的過程，不一定會按照我們希望或計畫的發展。即便事前幾經思慮和準備，死亡很少可以預測。痛苦可能令人難以承受，一些未預見的家庭狀況可能出現，某些人的個性變得不復辨識，不切實際的希望浮現，期望一旦破碎，無解的感受可能會停佇一生。

遭遇死亡時，家庭關係可能變得複雜，人生盡頭的不和鮮少有和解的機會，因為深入對話的機會已經錯過了。在我們所愛的人去世之後，我們要如何面對罪惡感與悔恨？又要如何與那些我們知道永遠不會有答案的問題共處？通常，我們頂多只能寄望，如果保持耐心，經過幾個月或幾年的時間，就能接受心裡的無解之結，與過去和平共處，無論它有多麼困難，也無論它如何讓我們的人生變了樣。

關於死亡，大部分的家庭都有複雜而難受的故事，這些經歷引發、構成他們對於有限生命的感受、態度、信念和選擇。我們的故事和經歷，直接影響了我們面對生與死的個人選擇，而這些個人選擇又會回過頭來，深深影響我們所愛的人。

第二部裡的四個故事，描述的是人們如何因應關

係、決定與選擇的複雜，探索與自己或他人死亡相關
的倫理和道德壓力。

# 6 布麗琪：最佳計畫

「如果可以，他會讓我做超低溫保存，」布麗琪焦慮地輕聲笑道。在長達一週的老會友避靜會中，她找了一天下午，與我單獨談談一些「家務事」。我和布麗琪是在兩年前認識的，當時她來參加避靜會，從那次起，她就是我們卡拉尼什協會的固定成員。

布麗琪的紅褐色假髮是用真髮做的，剪成有瀏海的鮑伯頭。她說，這頂假髮花了她大把銀子，戴起來刺癢得要命，但是她先生柯林希望他們一起出門時，她能夠戴上假髮。要不是他，她寧可頂著一顆光頭。她說，那是她忍受了所有化療得到的榮譽勳章。她和柯林的婚姻，都是他們各自的第二春，他們期望能夠相守多年。柯林剛退休，他們本來打算等布麗琪在兩年內結束工作，得到學校董事會的全額退休金之後，再一起去旅行。以生物獨特性聞名的加拉巴哥群島

（Galapagos），是他們心願清單上的首要目的地。

　　「他說，如果我死了，他無法孤寂活著，」布麗琪深吸了一口氣。「我對他說：『親愛的，這不是「如果」的問題，是「什麼時候」的問題。』」

　　我點頭回應：「愛我們的人，想要相信我們會永遠活著。」我感覺得到，布麗琪的務實精神，與柯林否認現實的心理需要（至少是一下子），有了衝突。她需要保持耐心，但我也感覺得到，有耐心或許不是她的優點。

　　布麗琪的癌症第三次復發，這次發生在肝臟，她已經下定決心，要心平氣和地接受人生的終點。第一次診斷出乳癌時，通常有治癒的希望，但如果復發，事情就為之改觀，癌症會從可治變成不治。布麗琪第一次診斷出乳癌時，是在她第一次參加避靜會的五年前，她認為，只要她忍受手術、放療和化療，之後她就會痊癒。她以為，她能夠一次戰勝癌症。第一次癌症發病三年後，當她得知癌症已經轉移到她的骨頭時，她嚇壞了。她的腫瘤科醫師告訴她，即使接受化療，癌症也會不斷復發。兩次發作的間隔，或許是幾個月、甚至一或兩年，但不會有根治的一天。她的第

二次和第三次復發，間隔了二十個月。布麗琪希望她對死亡的接受，最終能夠感染柯林，因為她知道自己可能沒有第三次緩解期和第四次復發了。

「我父母都是長壽的人，兩人都活到九十幾歲，在自己的床上過世，我父親比我母親早七年走。他們都是農民，了解生死的循環，不怕死亡，」她說。

她一身的堅毅，來自她的愛爾蘭血統，承襲自愛爾蘭世世代代的男男女女。他們在摯愛的人臨終時，在家裡照顧他們，這是她希望在她的時候到了時可以借助的力量。

「我的兄弟姊妹照顧媽媽和爸爸，我回家待了幾週。沒有手忙腳亂，也沒有大驚小怪，只有輕柔消逝。那就是我現在想要的方式，如果可以，在我分明已經沒救時，不要讓我活著。」

布麗琪有雙灰綠色的眼睛，她的目光飄到了遠方，過了一會兒，她再次開口說話。

「現在，我必須說服柯林，我可以在家過世，」她說。「我眼前有一項艱鉅任務。」

柯林的雙親都在醫院往生。他父親58歲時，在高爾夫球場上心臟病發作，倉皇送到醫院，一週後在心

臟加護病房裡過世。他母親七十幾歲時在家裡跌倒，死於急診室。布麗琪告訴我，柯林認為他應該做得更多，預防他的雙親死去，例如協助他父親做心臟檢查，雖然他沒有心絞痛的病史，或是在家裡為母親設置更多輔助設施。他無法接受自己對父母的死亡無能為力。

布麗琪說：「我的醫生或護理師向我描述緩和療護時，柯林一聽到『緩和療護』就受不了。」

我回應：「大部分的人聽到『緩和療護』都會害怕，因為他們認為這表示死亡已近。」布麗琪知道，接受緩和療護表示醫療的重點，已經從嘗試治癒她的癌症到治療疾病的症狀，好讓她享有最佳生活品質。研究顯示，早期轉至緩和療護，不但能夠幫助當事人活得更好，也能夠活得更久。研究人員推測，這是因為良好的症狀管理，能讓病患的醫療狀況維持短期穩定，因此較少發生危及生命的緊急狀況。柯林若不是以為「緩和療護」表示布麗琪死期將至，更可能的就是，任何暗指她必然死去的詞語，都讓他驚恐萬分。

「我認為，我的生活品質相當好，除了很容易累。我無法像以前做那麼多，而少了我，我的花園一

定完蛋。當我離終點愈近，會愈來愈累嗎？」布麗琪問道。

「妳的元氣會隨著時間流逝而衰弱，妳會想要更多休息。等到妳的肝臟失去功能，毒素會在妳的身體系統裡堆積，引發疲勞。我想，對一個像妳這樣的人來說，並不容易，對吧？」我問。

「我從來就不擅長無所事事。我在花園時，柯林總是催我進屋去，但園藝工作讓我知道，等到春天來臨時，就算到時候沒有我陪著他，我種下的球根也會陪著他。」她低頭看著她粗糙的園丁手。「他討厭我這樣說話，」她說，話裡透著一股惱怒。

她不敢告訴她丈夫，她希望把自己的骨灰撒在花園裡，就像有機覆蓋物一樣，還有她想要一個「合宜」的喪禮，而不是一個不准任何人哭泣的生命慶典。她告訴我，愛爾蘭人相信，人要適度哀悼（在幾杯威士忌的幫助下），而在喪禮過後，喪家應該繼續生活，善用人生，活出最大價值。她的聲音裡，帶著一生分屬於兩個國家的憂傷。

「我曾經試著談這件事，」她說。「但是，他只告訴我，不會走到那一步。」布麗琪的目光又飄到遠

方。柯林的抗拒，像是在她的心裡卡了一塊孤寂而冰冷的石頭。

接下來是一陣沉默，我們兩人都在等對方先開口。最後，布麗琪轉頭面向我問：「妳能告訴我，終點會是什麼樣子嗎？我會怎麼死去？」

「妳的肝癌很可能會是主要問題。當肝臟無法正常作用時，死亡通常是延續好幾天的一個和緩過程，有時會長達兩、三週。」我向布麗琪解釋，她會變得愈來愈嗜睡，在生命盡頭，不管日夜，她可能大半時間都在睡。在我講述這一切時，她的目光毫無退縮。只要她服用緩解疼痛或噁心的藥物，她在最後的日子，還是會感到舒適。

「如果家人和朋友能夠接受妳的死亡，現場通常會比較安詳，」我說。

「柯林無法接受，」布麗琪絞著她瘦到只剩下皮包骨的雙手。「我不知道該怎麼辦。」

「妳能告訴他有關DNAR的事嗎？」我問道，指的是「放棄心肺復甦」（Do Not Attempt Resuscitation, DNAR）的文件，當事人可以藉此知會醫療團隊自身的願望。「到那個時候，大部分的人都不希望採取激

烈的急救手段。」

「我已經簽好表格，放進皮包了。但是，我不敢告訴柯林，」她說。

居家護理師告訴布麗琪，可以把文件貼到廚房的冰箱上，這樣如果柯林因為害怕而打電話叫救護車，急救人員也會看到文件，知道不要對布麗琪施行心肺復甦術，也不要幫她接上維生系統。如果沒有簽名文件，依照法律規定，他們必須對她施行心肺復甦術。

風拍打著團體室的大面玻璃窗。已是十月末，下雪時節很快就要到了。光禿禿的枝椏只剩下幾片葉子緊抓著不放，等著下一陣風起時把它們帶走。大地不必像人們一樣，為了季節流轉而刻意準備。

「這讓我想到妳預立醫療指示這件事。當遇到自己無法做醫療決策的狀況，可以依法指定他人代做決策，」我說。

布麗琪傾身往前挪了一下，坐在椅子邊緣。「柯林不是代表我做醫療決策的適當人選。雖然我已經告訴他我的願望，但我不認為他會遵照我的願望去做。他會不計任何代價留住我。」她煩躁地說，一顆頭焦慮地左搖右擺。

「另外選個人來代表妳做那些決策，或許也是在幫助柯林，卸下一個對他來說太難承擔的責任，」我說。布麗琪的臉部肌肉代柯林柔和了下來。

「我最好的朋友，會是更好的人選。她不怕拔掉插頭，」布麗琪說。

我回應道：「我在想，柯林或許願意和我們避靜會的黛芙妮醫師見面談談？妳明天和她約個診，可以嗎？」我想，以黛芙妮二十五年與當事人家屬進行緩和療護諮商的經驗，或許可以緩解柯林的恐懼，幫助他接受情況。

「我可以問問看柯林，」她說。「如果有人可以讓他理解，或許就是要像黛芙妮這樣的人了。」

♨ ♨ ♨

兩、三個月後，布麗琪從醫院打電話給我。她告訴我，她在發高燒，呼吸困難。那時是半夜，柯林想要帶她去急診室，但她拒絕了，一直拖到早上。她的腫瘤科醫師去度假了，所以是一位內科醫師給她看診，說她得了肺炎。

「從早上入院到現在，我的呼吸愈來愈糟了，」

她用氣音說道，不時停下來吸氣。「珍妮，妳覺不覺得時候可能到了？」

「有可能，但抗生素可能發揮作用。妳要不要我問一下，能否讓妳住進緩和療護病房？」我問道。

「好，可是柯林拒絕讓我去那裡。醫生說，如果我的呼吸情況今天惡化，他們可以讓我住進加護病房，用機器輔助呼吸。他們認為，如果我在加護病房住個幾天，靠機器呼吸，再加上抗生素，我可能會沒事。」她的聲音在顫抖。

「妳可以在緩和療護病房用靜脈注射打抗生素，不必插管靠機器輔助呼吸，」我說。「抗生素可能有效，可能不會。這兩個環境截然不同，在加護病房使用人工吸呼器，表示妳要打鎮定劑，無法和柯林談話，只有柯林和少數人可以去看妳；在緩和療護病房，妳身上不會有機器，不必打鎮定劑，想見多少訪客都可以。布麗琪，妳知道妳想要怎麼做嗎？」我柔聲問道。

「不大確定，」她說。

只要布麗琪的意識還清楚，她可以自己做醫療決策。一旦她失去意識，柯林身為她的近親，就要代表

她做決定，除非她已經指定最好的朋友擔任她的醫療代表。

「妳和柯林完成了預立醫療指示的書面工作嗎？」我問道，但心裡已經猜到她的答案是什麼。

「過去這週，我問過他，但他堅持不去看緩和療護醫生。他不斷地說，他絕對不會放棄我。珍妮，我很不想承認，但我太害怕了，沒辦法告訴他，我信任我的朋友代表我做決定，勝過信任他。」布麗琪的聲音透著無奈。

「妳現在能和柯林、還有醫生，解釋妳的願望嗎？」我聽到自己聲音裡的焦急。在決策脫離她的掌握之前，布麗琪只剩一個窄小的時間窗口。

「我可以晚點打電話給妳嗎？」她說。

「當然可以，我也可以過去協助對話，如果妳想要我這麼做的話，」我說。

「珍妮，謝謝妳。我會讓妳隨時知道最新情況的。」

布麗琪的下一通電話，一直沒有響起。第二天早上，我打電話到醫院看能不能找到她。我得知她進了加護病房，除了近親，禁止其他訪客。

我打電話到他們家裡，用語音留言給柯林。我只

有他這支電話號碼。

「柯林，我聽說布麗琪在加護病房。很難過聽到
這個消息，你可以回電給我嗎？」我留下手機號碼。

他沒有回電。

布麗琪在兩週後過世。我在當地報紙讀到她的
訃聞：

> 在與癌症英勇奮戰後，布麗琪・歐蘇莉文在
> 溫哥華總醫院加護病房辭世……她摯愛的丈夫
> 柯林陪伴在她身邊。

# ⑦ 吉姆：絕口不談死亡

我的電話有一通來自秀娜‧麥肯齊的留言，她的蘇格蘭腔重到我幾乎聽不懂她在說什麼；不過，聽到格拉斯哥方言，總能讓我精神為之一振。

我回電給秀娜，她告訴我，她是從她先生的居家護理師那裡得知我的名字的。

「那位護理師認為，妳或許能讓我先生明理一點，」她說。

「怎麼回事？」我問。

「他還想再去高爾夫球場，但他這是拿自己開玩笑！以他現在病重的程度，他根本不可能再打高爾夫球，」秀娜說。「我們還有很多事要處理，但是他不願意談。」

「吉姆知道妳打電話聯絡我嗎？」

「我還沒告訴他。他不是會去諮商的人。」

「蘇格蘭有人會去諮商嗎？」我笑了。

「小姐，妳說得對。要解決情緒問題，一大杯啤酒比較有用啦，」秀娜說。

「告訴吉姆，妳請我過去喝杯茶，我來自老鄉，」我說。「這樣他可能會讓我進門。」

♨ ♨ ♨

每當我開車前往北溫哥華，在快到上獅門大橋（Lions Gate Bridge）的堤道之前，我會右轉，這樣就可以繞一段長路，穿過史坦利公園（Stanley Park）。這條環繞公園的道路一側，有高大的花旗松和美西紅側柏林立，這些樹對我有一股莫名的穩定力量。某次，我問一位原住民朋友關於大樹的事，由於它們的根系相當淺，必然蘊藏了豐沛的能量，或是生命力，才能頂得住狂風和暴雪。

「真可惜，我們不能汲取大樹的能量為我們所用，或是給需要力量的人，」我對我的朋友貝芙說道。

「當然可以，」她輕快回答。

「怎麼做？」我問。

「只要開口請求它們賜下一些能量，然後謝謝它

們，這樣就好啦！它們從來都不會說不，」她笑了。

那一天，我又環繞著公園開車，樹在我的左側，春天的陽光照亮了泛太平洋飯店（Pan Pacific Hotel）的白色風帆，反射在構成城市天際線的摩天高樓。我可以看到布勒內灣（Burrard Inlet）對岸亮黃色的硫磺堆，還有北岸山脈（North Shore Mountains）頂上最後一小塊殘雪。

我在一棟樓身於山腳下的白色立面平房外停了下來。房子後方也有花旗松和側柏，而在這幾分鐘之前，我坐在車裡，閉上眼睛，請求它們給我力量，並且確定我有大聲說：「謝謝你們！」

我走在通往房子的小路上，敲了敲那扇歷經風吹雨打的前門。秀娜的樣子，正如我在電話裡憑著她的聲音所想像的那樣：七十出頭，燙過的礫灰色頭髮，長度剛好在她藍色棉襯衫領子的上方。她的脖子掛了一條十字架金墜項鍊，墜子塞進上衣裡。她下身穿著聚酯纖維布料的寬腳褲，腰際繫著一條海軍藍腰帶，腳上是露趾涼鞋，不過她穿了襪子。

「謝謝妳來。」我伸出手，和她握手。她的手冰涼帶點濕黏，我想或許她也覺得緊張。第一次和一家

人見面，通常會讓我緊張，而迅速建立融洽的關係，是能夠幫得上忙的重要條件。在這樣敏感的時刻走進一個家庭的住家，感覺是一種特權，一種你經常不確定自己是否已經得到的特權。

「我直接帶妳去見吉姆，但他今天身體不大舒服，」秀娜悄聲說道。「他大半個晚上都在流汗，醒著沒睡。他過去這幾天沒吃什麼東西，醫生晚點會來看他。」

秀娜領我走進小小的臥室，一張病床緊挨著一張雙人床擺著。每個能放東西的平面，都放滿了小飾物：迷你瓷器小狗和塑膠芭蕾女伶，發條音樂盒和布滿灰塵的耶穌誕生像。牆上掛滿了蘇格蘭歷史名勝的裝框黑白照片。拉上的窗簾，把像是想從帘間空隙偷溜進來的陽光擋在窗外。吉姆靠著幾顆枕頭支撐，他穿著一套藍色條紋睡衣，上衣一直鈕到衣領。他的頭髮潮濕，整齊地梳到一邊。在他熬過辛苦的一夜之後，秀娜可能已在會客之前幫他梳洗一下。

「吉姆，這是珍妮，我和你提過要來喝杯茶的那位護理師，」她說。

「午安，」吉姆說。「抱歉在這裡見妳，我昨晚過

得很糟。再等一下，我就可以準備好起身。」秀娜偷偷看了我一眼，揚了揚眉。

「很高興見到你，」我說。「我會一直在這裡等你準備好。」

「準備好做什麼？」他問道，粗長的深色眉毛揚起了一個問號。

「秀娜打電話給我，問我能不能來見你，看我能不能幫忙，」我說。

「幫什麼？如果妳是心理醫生的話，我不需要。我只需要出門到高爾夫球場上打幾球。」

我坐在床邊的椅子上，那一定是秀娜為我放在那裡的。她坐在床尾的凳子上，膝蓋交疊翹著腿，一隻拖鞋掛在腳尖上下焦急地晃著。秀娜心裡自有盤算。

「吉姆，親愛的，好心點！珍妮是護理師，而且她來自格拉斯哥，」秀娜說，拍拍他在被子下的腳。

「我不會因為這樣就對妳有意見，」吉姆說。「那不能怪妳。」他眨了眨眼。

「我爸是在艾爾郡（Ayr）出生、成長的。這有加分嗎？」我問。

「那裡靠近拉格斯（Largs），那是我們兩個來的地

方。妳父親打高爾夫球嗎？」

　　我知道高爾夫球能讓我加分。「他打，在巔峰時期，他的差點可以到 9 桿。至於我媽，她住在格拉斯哥，一直到 86 歲，都還在打高爾夫球。我爸過世快二十年了。」

　　「如果妳不介意的話，我可以問他的死因是什麼嗎？」吉姆說。

　　「腦瘤。而且一診斷就是四期，晴天霹靂。」

　　「我的肺癌也是四期，而且我聽說沒有第五期。」他看著我，一邊揮舞著雙拳和空氣打拳擊。「不過，我是個鬥士，所以它還要等好長一段時間，才能讓我出場。」

　　我注意到吉姆的指甲泛青，胸口隨著每一次呼吸艱難地起伏。我在想，不知道多久之後他會需要氧氣筒。

　　秀娜不動聲色地把心中盤算帶入對話。

　　「吉姆，醫生上週可不是這麼說的。她說，她不能再讓你接受化療，她很抱歉。」

　　「親愛的，給珍妮端杯茶來。她才不想聽妳說這麼負面的話，」吉姆揮揮他已經瘦到只剩骨頭的手腕，打發她走。

秀娜一進廚房，吉姆便開始說話。

「我擔心她。如果我死了，她怎麼辦？她自己的身體也不好，孩子們都忙，沒辦法來探望她。家裡和錢有關的事，都是我在打理的，那方面沒問題，」吉姆說。

我趕緊把握機會表示：「這對她不好受，一定的。不過，你沒辦法讓她不傷心，她可能也比你想的還要堅強。」

「她以為我不知道自己病得多重，但是我知道。我只是覺得，不要談這件事比較好，這會讓她慌張失措。」他抬起手，爬梳著他的頭髮，一路到後頸停住。「她慌張失措，我就無法保持鎮定。」

「如果你可以談談這件事，或許對她會有幫助，」我說。

「我不知道要說什麼，」他說。他看起來像是一個依靠自己身體和精神力量的男人，但是隨著他的元氣衰退，供養和保護妻子的能力降低，他不確定要如何調適，才能面對自己愈來愈需要依賴他人的情況，還有隨之而來潛藏在內心的感受。

「來了！」秀娜的聲音傳來，她端著托盤，上面

擺著茶杯和碟子、糖罐和奶罐，一具經典款布朗貝蒂壺（Brown Betty），裹在編織的茶壺套裡，還有一盤巧克力消化餅。她把托盤放在床上，那是房裡唯一清空的平面。

「珍妮，妳的茶要加什麼？」

「只要牛奶就好，謝謝。」

她先把牛奶倒進杯子，然後注入冒著熱氣的茶，加到滿。

「吉姆，你想要喝一點嗎？」她問道。

「親愛的，不用了，謝謝。我已經熱得發燙。」

「我不在時，你們兩個說了什麼？」秀娜問道。吉姆望著我，挑起眉毛。

「我們在聊天氣。春天是這麼溫和，」他說。

我啜了口茶。「趁我還在這裡時，你們兩人有沒有什麼想要和我談的，或是想要問我的呢？」

他們相互對望，等著看對方要不要回答。

秀娜再次試了一下。「吉姆，我想要和珍妮談談，你的病情加重之後，會是什麼情況？」

「那有什麼好談的？」他問道，擺好防衛架勢。

「你想住到安寧病房，或是待在這裡？」她問。

「我到底要和妳說多少次？在我雙腿一蹬之前，我還打算再打一兩場高爾夫。這件事，我們改天再談，」吉姆說道，雙眉之間的皺紋更深了。「珍妮，妳是從格拉斯哥的哪裡來的？」

♋ ♋ ♋

三週後，我到獅門醫院探訪吉姆和秀娜。她打電話給我，請我過去。吉姆用了抗生素，仍然高燒不退，他已經燒到整個人迷迷糊糊的。他有肺充血，需要高流量氧氣。秀娜建議他去安寧病房，他拒絕了，但是願意讓她帶去急診。在他少數清醒的時刻，他還在說著要去打高爾夫球的事。秀娜在電話上告訴我，吉姆還是拒絕談論死亡，也不願意立遺囑。他不簽放棄心肺復甦的文件，因此不符合安排安寧病房的資格。她終於放棄努力讓他敞開心房暢談。我看到她眼裡的痛苦，因為她迫於無奈，放棄了開口說再見的可能性。

我走進那間四床病房，看到吉姆在窗邊的那張床上睡著。秀娜窩在一張扶手椅上，椅子盡可能靠近床邊擺著。

「珍妮，請坐在那裡，」秀娜指著放在床的另一側的一張椅子。「吉姆，珍妮來了，還記得來我們家看我們的那位小姐嗎？」她傾身在他左耳邊大聲說，但是沒有跡象顯示他聽見秀娜的話，或是意識到我的存在。

「情況很糟糕，他變得狂亂、躁動，還會大叫。他昨天語無倫次地咆哮，把孩子們都嚇跑了，我叫他們回家休息一下，」她說。「最後，護理師問我，要不要給他鎮定劑？可以讓過於痛苦的人平靜下來。我說：『好，就用吧。』」我們談話時，吉姆一直都在睡。

「氧氣量降到非常低時，人通常會神智不清。身為蘇格蘭人，他的戰鬥本能在此時出現，我並不覺得意外，」我說。我繼續解釋道，當生存面臨威脅，人覺得自己無法掌控時，就會回歸慣常的反應方式：我們會戰鬥、逃跑、不動，或是投降。吉姆從靜脈注射吸收的鎮定劑，能夠幫助他投降。我到醫院探訪的三天後，吉姆過世了。

ᔕ ᔕ ᔕ

兩週後的一次諮商裡，秀娜說：「我想，他無法

接受自己就要死亡這件事。」她問：「這就是談『死亡與臨終』那類書籍所說的『否認心理』嗎？」

「說實話，秀娜，我不相信有『否認死亡』這種事，」我回答。「我認為，吉姆選擇把他的想法與感受埋藏在心裡，不是出於惡意，而是因為關心妳。他認為，談這個會讓妳太難過。」

秀娜伸手從領口掏出項鍊上那個小小的十字架金墜子，放在食指與拇指間揉著。

「當他講到要回去打高爾夫球時，我覺得我們都在裝。我好氣他為什麼不更勇敢一點，不和我談他其實快要死去的事。」

我點點頭回應道：「道別時感覺悲傷的那份恐懼，對他來說可能太過沉重。」

「只有在幾大杯酒下肚之後，他才會變得多愁善感，」她說著，嘆了一口氣。「我最難過的是，我們沒有好好道別，」她吸了吸鼻子。「我好想念那個頑固的老傢伙。我真的好想他。」

## 8 派翠西雅：決定

「每個人都告訴我要繼續奮戰，永遠不要放棄希望，」派翠西雅說著，聳了聳她那瘦弱的肩膀。「死亡真的就是放棄希望嗎？這真的是你可以選擇的嗎？我很迷惑。」

在派翠西雅的地下室公寓裡，我們坐在面朝著客廳那扇小窗的雙人沙發上，膝蓋幾乎要碰在一起。有著散發光澤的深綠葉面、褐色葉背的洋玉蘭樹，偷偷在窗格間窺探。派翠西雅鍾愛她的花園，她曾經擁有一份園藝事業，可是在41歲那一年，她第一次被診斷出患有罕見的闌尾癌後，她就轉往發展她的第五份事業：在一家生命禮儀公司擔任電腦程式設計師。

「健康的人當然可以告訴我要懷抱希望，但要是他們有我這樣的身體，就知道了。九年的癌症。我從來不敢奢望自己能夠活到50歲，而我現在51歲了，」

派翠西雅說。「我能夠存活這麼久，究竟是因為奮戰，還是這個病的歷程不管奮不奮戰都一樣？每個人都認為，我要做的就是努力嘗試，這樣我就能夠活得更久。我想，我可能只是非常幸運而已，但我現在已經沒有時間了。」派翠西雅垂下目光，思索她自己提出的問題。然後，她抬起頭，改變話題。「妳最近在忙什麼？拯救所有像我一樣的可憐靈魂嗎？妳應該好好享受生活的！」她笑了。

　　那天稍早，派翠西雅打電話給我。她之前決定做手術，現在重新思考這個決定，想要找人談談。當時，我們已經認識六年了。派翠西雅在第一次參加避靜會之後，加入卡拉尼什擔任志工，只要有力氣就會到辦公室幫忙。她為人開朗，有絕佳的幽默感，我們都喜歡有她在。現在，癌症壓迫到她的脊柱，讓她的腿劇烈疼痛而且軟弱無力。走路對派翠西雅來說變得困難，她必須依賴居家看護人員幫她洗澡、穿衣、煮飯和打掃。她的自理能力迅速惡化。

　　「如果我死了，我的朋友和家人，會認為這是我的錯嗎？或許，他們不想接受罹癌是一種隨機事件，因為這樣癌症就有可能找上他們。」

派翠西雅抬眼看著我，我點點頭。

外科醫生已經定好手術時間。醫生告訴她，他可以做手術，試著移除靠近脊柱的腫瘤。如果不動手術，擴大的癌症會破壞脊髓裡的神經，有50％的機率足以讓她從腰部以下癱瘓。移除腫瘤可以防止癱瘓，讓她在癌細胞復發之前，有六到十二個月的時間還能動，而且手術也有助於減緩疼痛。這項醫療策略的問題在於，在手術期間，或是術後住院的兩到三個月間，任何威脅生命的併發症都可能發生。

「這算哪門子的決定？」派翠西雅嗤之以鼻。「事實就是，不管選哪一個，我都沒辦法回去划我的獨木舟了。爛透了，不是嗎？」她側頭看著我。

我又點點頭，確實爛透了。

在我踏入護理這一行的1980年代，醫生通常會為病患做這類決定。他們體認到，要病人做這樣的決定是一種負擔，而家屬在事後揣想是不是做了最好的決定，也是一種壓力。隨著醫療界的家長式作風式微（理應如此），以及醫療決策變得複雜，現在有愈來愈多病患要面臨這類決策，卻沒有足夠的知識或支援可以做決策。

　　我環視了這個八年來做為派翠西雅住家的小套房。她和伴侶因為癌症的壓力而分手，在那不久後搬到這裡。癌症確診通常會讓關係變得緊繃，壓力超出關係所能承受的限度。

　　在她的朋友外出工作時，那架老舊的大電視，還有一疊疊的CD，陪伴著她度過漫漫長日。以前，她最喜歡的週六夜活動，是和朋友出去跳舞。小套房裡，幾乎每個可以擺放東西的平面，都點綴著裝框照片，照片裡是一張張從事露營、健行、泛舟等戶外活動的紅潤臉龐。在大部分的照片裡，派翠西雅都站在中央，兩旁都有朋友。她那笑容燦爛的圓臉，掛著一抹淘氣的笑容。她把自己廣大的朋友圈，稱為她「選擇的家庭」。這些照片讓房間洋溢著一個生命力盎然的過去，而在未來，這已經遙不可及。

　　「我不敢想不動手術，我會怎麼樣，這就是問題所在。拒絕動手術，好像是在等死一樣。接受手術，感覺大膽又勇敢。對許多癌友來說，我已經成為希望的象徵，因為癌症轉移之後，我還活了這麼久。這話聽起來很奇怪，但是我不能讓他們失望，」派翠西雅用面紙擤了擤鼻涕。

　　「如果妳不必再當英雄，會怎麼樣？或許是時候放下妳的劍，說妳再也無法扮演這個角色了。畢竟，壓力太大了，」我說。

　　派翠西雅的肩膀下沉了一兩吋，她嘆了口氣，垂眼看著她舊拖鞋底下磨舊的灰地毯。

　　「或許，妳給別人的鼓舞，現在可以換個形式，」我繼續說道。「或許，妳可以讓癌友們看到，屈服是什麼樣子。我們不必違抗死亡，或是對抗死亡，接受死亡也是相當優雅。」

　　派翠西雅直視著我。「多麼讓人鬆一口氣！我終於可以兩眼一閉了！我知道自己快要死了。我可以假裝不是這樣，或者希望不是這樣，但如果我對自己誠實，無論我動不動這場手術，都過不了這關。」

　　她拿起一盒瑞士蓮巧克力，給我一片。

　　「如果我快死了，想吃多少巧克力都可以，對嗎？」她問。我朝嘴裡丟了一塊巧克力，享受甜滋滋的快感。

　　「無論如何，妳一定都會吃的，不是嗎？」我回答。

　　「這場手術是一個很大的未知數。我得依靠朋友來醫院探望我，做為支持的力量。他們都很忙，我不想

要覺得自己像個負擔，」派翠西雅的眉頭皺了起來。

「要是他們想要為妳這麼做呢？」我問。

「為什麼？他們應該寧可去健行。」

「因為他們愛妳？」

「對啦，他們確實愛我。我想，如果你愛一個人，就會這麼做，對嗎？」

派翠西雅在摸索屈服是什麼感覺，有親朋好友的照顧在家過世會是如何？她看過許多癌友在家裡或安寧病房過世，有些人的家人和朋友圍繞在身旁，有些人沒有。派翠西雅所擁有的支持，比一般人所需要的還多。

在她再次開口之前，我感覺到房內的能量正在變化。

「我還是沒辦法想像不做手術！我早上醒來的第一件事，就是試著動動我的腳。等著癱瘓是一種折磨，實在很可怕，」派翠西雅的聲音變得堅強。

「我必須試試看，這是我的天性。每當挑戰來臨時，我通常都會接受挑戰。珍妮，妳知道我的脾氣。坐著等死，讓人幫我換尿布、餵我，我就是沒辦法接受，」她行動的意志力再度點燃。

「我不能放棄，珍妮。我一定要試試看。四年

前，妳以為我會死，不是嗎？」她證明我錯了，而且很喜歡這個勝利。「我給了妳一個意外。或許，我會再來一次！」

四年前，每個人真的都認為派翠西雅就快死了，包括她的腫瘤科醫師。當時，她的體重不到45公斤，成日進出緩和療護病房，控制噁心和疼痛等症狀。令每個人都訝異的是，她的病情好轉，歷經整整四年後才再次遭遇病魔來襲。我那時學會了不要完全信任預後。

派翠西雅繼續說：「當時，我就是知道我的時候還沒到。我不知道人怎麼會知道這些的，但就是知道。這就好像我知道我的時候很快就會到了，只是不確定還要多久，就這樣。」

電話響起，劃破了這一刻的親密感。

「我會再回他們電話，」派翠西雅現在幾乎一派開朗，彷彿她做的決定所蘊藏的力量找到出口，引燃了她的能量。

派翠西雅的決心，一再令我們驚豔。前一年夏天，她答應參加卡西卓湖（Cathedral Lakes）的健行之旅，因為她想到永遠再也看不到北喀斯喀特國家公園（North Cascades National Park）就受不了。她讓五

個朋友走在前頭，因為她每一步都呼吸困難，需要喘口氣，她擔心自己會拖累所有人。派翠西雅能夠登上昆尼斯科埃山（Quiniscoe Mountain），完全是靠決心和意志力。那年夏天，她也再次回到她的獨木舟上，最後一次環碎島（Broken Islands）泛舟。當她訴說在日落時分划船、鯨魚在附近經過的故事時，眼睛閃閃發亮。

要不要動手術，應該由派翠西雅決定。人們把全部的生活、個性、習性、恐懼和希望，都寄託在這樣的生死決定上。沒有正確解答，只有需要深思熟慮的問題。

我比較擔心派翠西雅手術後的狀況 —— 術後疼痛，還有連續幾週住院可能會引起的感染和其他併發症。她或許將永遠無法出院，我曾經看過無數次這種情形發生，有時甚至讓我懷念起這些積極手術還沒問世的年代，根本沒有這些決定要做。

「珍妮，我必須試試看，」派翠西雅的眼睛發亮，心意已決。

「我知道妳會想清楚，妳一直都是這樣，」我感覺到內心崩塌，憂傷的波浪在我雙眼後方沖刷著。這

個決定由不得我。「好，那就打電話給外科，看看妳週四的手術預約是不是還在。」

「感謝老天，這事有了決定，」她說。突然間，派翠西雅看起來又更老了。我們都累壞了。

我起身準備離開，想著下一次我再看到派翠西雅，會是手術後幾個小時的事了。我彎下身，給她一個擁抱。

「打電話讓我知道是不是在週四，那天忙完，我會去看妳。」

「再次謝謝妳來，妳是最棒的。但是拜託，別忘了給自己找點樂子，」派翠西雅轉身，躺在雙人沙發上，用雙手輪流抬起腳。我在她頭的下方墊了靠枕，她隨時都會睡著。

我從廚房的門離開，走過掛在平台下的破舊紅色獨木舟，走進晴朗明亮的十月天。沿著前院花園那一小塊草皮生長的聖誕玫瑰，已經冒出花苞。我希望等到一月時，派翠西雅能在這裡看到它們開花。

$$\wp \quad \wp \quad \wp$$

「珍妮，我改變心意了，」週三清晨5:32傳來了這

句電話留言。

「怎麼了？」我回電給派翠西雅問道。

「不計一切代價活著的人生不值得。我大半個晚上，都在與我的決定角力。我不想剩下的人生都待在醫院裡。我討厭醫院。何苦呢？到頭來，癌症一定會把我帶走，我們都知道這點。或許，癱瘓不是最糟糕的。我有個朋友坐輪椅，他沒有自怨自艾，只是與它和平共處。在醫院，依靠止痛給藥器和護理師比那還糟糕，」派翠西雅說。「我可以好好過活，一路到我離開。我想，我甚至可能活得有樂趣。我已經多活了四年；事實上，我比預期多活了十一年。在我第一次被診斷出癌症時，他們推測我只剩六個月，我沒什麼好怨的，」她連珠砲似的，急急吐出一長串話，聽起來很興奮。

「派翠西雅，我愛妳，」我回應道。一股放鬆的暖流流經我全身。

☙ ☙ ☙

拒絕手術後的兩個月，派翠西雅變得虛弱，要坐輪椅。無論如何，她都決意要與我們卡拉尼什的

員工和志工，一起參加耶誕節傳統活動。那天是12月17日，我們的計畫是在溫哥華市區的韋奇伍德旅館（Wedgewood Hotel）聚會。舒適的沙發吧洋溢著美好的節慶氣氛，有紅色長毛絲絨沙發座、高大的聖誕樹，還有沿著壁爐飾面裝點的一閃一滅白色小燈。

派翠西雅的黑色帽子拉低，蓋住她稀疏的灰黑頭髮。她的皮外套寬鬆地穿在身上，下身穿著黑色牛仔褲。她從計程車後座車窗往外望，笑容還是燦爛如昔。

「妳來了！看到妳，我好開心，」我說。

「不然我還要去哪裡？免費的耶誕節雞尾酒會，在一個我永遠付不起的地方舉行耶。我當然要來！」

我們有兩個人彎身攙扶派翠西雅，讓她坐進輪椅。她還可以站立，只要有人讓她扶著。她已經三週沒有走路了。

「請給我一杯莫吉托，多加一份蘭姆，」派翠西雅告訴服務生。她不常喝酒。「還要一個焦糖洋蔥和羊奶起司迷你批薩，」她看著我們，露出微笑。

「你們怎麼都看起來這麼嚴肅？快點開心起來，這是我最後的晚餐。」

我們舉杯，派翠西雅祝酒。

「敬健康。」

我們都笑了。

「有時，我真的會想，我是不是應該動那個手術，」她平靜地說，閃過一抹掩不住的後悔。死神現在已經近到可以掐熄她的生命火苗，她可以感覺到祂的存在。

兩天後，派翠西雅住進安寧病房。接下來三天，她白天會一次連睡好幾個小時，不再想要或需要食物。聽到熟悉的聲音時，她會迷迷糊糊地從睡夢中醒來，拋出一句玩笑話來回應，像是「你們盯著我看什麼？」，或是「你沒有別的事好做了嗎？」，然後又陷入沉睡。與朋友和周遭世界交流的欲望，隨著她衰弱的元氣，變得愈來愈微弱。即使她努力對抗，也無法扭轉情勢。派翠西雅已經練習屈服的藝術多年，必須放棄人生熱愛的大半事物，接受身體功能逐一喪失的事實。即便是決策過程本身，都是在為這個最終的屈服鋪路。

她在2010年12月24日去世。

她一向討厭耶誕節。

# 9 喬治：違抗死神

第一次確診時，喬治忙到沒時間管癌症。他四十多歲，白天是中學教師，下班後的傍晚和週末，是個盡心盡力的父親和丈夫。結腸癌就這麼突如其來。有一天早上，他在馬桶看到幾滴鮮血，而在這之前，他不曾注意到有任何不尋常的事。他的太太珍娜，幫他和家庭醫師約診，堅持他撥出時間檢查一下那個流血是怎麼一回事。

喬治從容面對罹癌的消息。他知道他必須做什麼，而且做起來幾乎毫無怨言。他看過他父親經歷大腸癌。二十二年之後，70歲的父親「壯得像頭牛」。喬治在癌症確診後歷經六個月、十二回合的化療，然後進入緩解期，生活差不多算是回復正常，只有在到了與腫瘤科醫師約診的檢查日時，偶爾會湧起陣陣害怕。

三年後，喬治重新診斷出原發結腸癌的肝轉移，

在頭幾次化療之後，他必須住院做疼痛與症狀管理，並且接受新的化療。我擔任他的主護護理師，這對當時來到卑詩省癌症中心才一年的我來說，是相當新的角色。

在喬治住院的六週期間，他和我聊了許多。他是個有責任感的人，讓我想起我的父親：在他被診斷出癌症末期之後，說到他但願人生中有更多時間，可以發展創作興趣，像是畫畫和寫詩等。我父親和喬治都選擇以工作和家庭生活為優先。我們總是以為，到了人生後期，就會有時間追求個人興趣了。但是，就像我的父親，喬治等不到退休歲月了，而那些單方面的渴望，仍在心裡蠢蠢欲動，就像許多畢生希望經常牽動我們內心。

病患與護理師之間最啟發人心的對話，通常發生在夜班，那時的病房比較安靜，恐懼往往會在干擾較少時慢慢湧現。一天晚上，喬治告訴我，化療沒有效果。那一天下午，腫瘤科醫師問他要不要接受一項實驗療法？但是這樣，他就必須在醫院多待幾週。她會特別向藥廠訂藥，請藥廠通融，因為像喬治這樣沒有參加臨床試驗的病患，是拿不到那種藥的。她預計藥

在四或五天後就會到。

「我不想用那個藥，」喬治說，聲音平靜而堅決。「珍娜想要我試試那個藥，但是我知道它不會有效。我剩下的時間很珍貴，我不想被困在醫院裡，看著所剩無幾的日子流逝。」

許多垂死的人會開始慢慢體認到，死亡無可違逆，甚至連保持距離也不可能。為了延長生命而以犧牲尊嚴為代價，喬治認為這樣沒有意義。他想要沒有任何戰鬥，平靜度過他人生的最後幾個月。有些人能夠接受自己所愛的家人終將來臨的死亡，但是有些人無法接受，並且用盡全力延長他們的生命、對抗死亡。放棄希望，可能被視為對愛的剝奪、對永恆誓約的背叛，就像戰爭沒有投降這條路。

「和珍娜在這件事上的意見不同，一定很難受，」我接了話，但其實並不確定怎麼說比較好。

像喬治與我之間的這類對話，言語似乎沒有什麼幫助，所以我對護理師的身分心懷感恩，因為我們有其他方式可以傳遞關懷、讓對方感到舒適自在，例如肢體接觸。我經常想起南丁格爾的話，「我認為言語會虛耗感覺；感覺應該化為行動，有所成效的行動。」

「你想要按摩背部嗎？」我問。我們值夜班時，通常會問別人是否想要按摩背部，但現在的醫院很少有這種事了。護理師負責照顧的病患人數多到無法應付，給藥和電腦作業通常變成主要工作。他們常說，忙到連痛的時間都沒有了。

　　「好呀，拜託妳了。我想要按摩一下背部。這段日子，珍娜怕弄疼我，所以都不敢碰我。再也感受不到心愛的人的撫觸，感覺很難過。這些都不在計畫裡，某天就突然沒了身體接觸。」

　　喬治慢慢地轉向右側，我小心翼翼地拉下被子到和喬治睡褲褲頭一樣的高度。我們這一行有這種提供安全親近接觸的漫長歷史，我為此覺得感恩。喬治已經把睡衣的扣子都解開了，讓我更容易把睡衣拉過他的肩頭。

　　我把注意力放在我掌心裡已經變暖的乳液。眼前的這個背部，和我之前抹過乳液的任何背部都不同。這個背部向我透露了死亡的可能面貌。我的手輕柔地在喬治背部鬆弛的皮膚上移動，動作極其輕柔，他皮膚下已經沒有什麼有撐持作用的肌肉，我的手似乎知道該怎麼做。

　　我的右手指順著喬治脊椎突出的骨節移動，我的左手指按摩脊椎兩側鬆軟的肌肉。每一下動作都想要傳達一些事情。我的手想要告訴喬治，無論他的身體狀況如何，有功能也好，沒有功能也罷，他都仍然是一個完整的人。老師、父親、配偶、接受或放棄的感受、可親近或遙不可及的感受，都融進我們之間的空間。我想要透過我的撫觸傳達一個訊息：在生命的盡頭，我們仍是重要的。

　　我聽到喬治的呼吸變了。每一次的呼氣，都比前一次的更長；每一次都似乎在體現某種放手。

　　他微弱的聲音輕聲問道：「要如何在孩子最需要你的時候，向他們告別？珍娜會幫他們找一個新爸爸嗎？我希望她再找別人，也希望孩子們有新爸爸。但是，我一想到有另外一個人會去看他們的比賽，在場上為他們加油，在回家的路上帶他們去吃冰淇淋，我就受不了。」

　　無法回答的問題，自然會找到沒有掛礙的地方落腳。

　　我繼續按摩，輕輕揉捏喬治背部瘦削的肌肉。雖然我沒有神奇話語可以撫慰他破碎的心，我卻感受到一股奇異的平靜。我就停留在那裡，用每根纖維傾

聽，帶著節奏地輕柔移動著我的雙手。我本能知道，這多少會有幫助。

喬治繼續說道：「我愛我的孩子，我希望妳會見到他們。班恩長得比較像我，潔絲像她媽媽。我想他們知道我快死了，但我們還沒有直接告訴他們。我不確定我們是不是應該說，雖然我真的認為他們有權利知道。放學後，珍妮會帶他們過來，我每天都會告訴他們，我愛他們。我想，他們會記得吧。班恩說，他長大想當醫生，這樣他就能找到治療癌症的方法。潔絲只想要我講故事給她聽，就像小時候一樣。她最喜歡的故事，全都是我自己編的。」

突然之間，房裡的氣氛感覺不一樣了，彷彿有一種極致的柔軟落在我們身上。在一個面臨無底深淵的人面前，我內心感受到一股平靜，一種無法解釋的自在。

喬治閉上眼睛。他已經說完他那個晚上要說的話。

我忘了時間。從醫院髒汙的窗戶透進來的微弱光線快速暗去，雖然我可以看到遠方直升機停機坪的亮光，向從北方而來的夜班急救隊提示地點。我輕輕拉上喬治的被單和淡粉紅色的棉毯，我沒讓他的手臂套進睡衣，以免吵醒他。我記得自己曾經希望醫院有羽絨

被和柔軟的羽毛枕，並且能在角落擺上一只花瓶，插上一束野花。我把呼叫鈴放在喬治伸手可及的地方，我想在他的臉頰上親一下，不過想想還是決定作罷。

那晚和喬治談話後，我休了四天假。休假時，他和他的決定，一直在我的心裡盤旋。我還沒學會如何在休假時把工作安置在大腦碰不到的地方。我會記掛著我遇到的那些人，讓他們如影隨形地跟著我生活。我感覺，他們就像在我的左右一樣。

銷假上班前，我先問了喬治的病情變化；即便如此，當我第一天回去上班，走進他的病房，看到他的病況在僅僅四天裡就變得如此嚴重時，還是嚇了一跳。他的膚色已經起了變化，現在是一片蠟般蒼白的灰色調。他幾乎沒有反應，看起來在垂死邊緣。我開始張羅，幫喬治擦澡、換睡衣，試著讓他舒服一點。我需要另一位護理師協助我幫他在床上翻身，因為他已經沒有辦法任意移動他的身體。我幫他梳了梳頭髮，用電鬍刀刮掉他下巴前一天長出來的鬍鬚。珍娜很快就會到，我希望她看到喬治受到良好的照顧。他的舒適或許能讓她相信，死亡是可以忍受的。

在看到她之前，我已經感覺到她的存在。她走進

病房時，空氣頓時焦慮了起來。「妳今天會為喬治做化療嗎？」珍娜問道。

我的心一沉。我以為喬治已近臨終，不考慮化療。

「我不知道他今天要做化療。我們可以到病房外面一下，然後請妳告訴我，我休假時發生了什麼事嗎？」我不認為我們應該在喬治面前講這些，除非他能夠選擇參與。

我們在護理站與床單櫃之間的走道，找到一個還算安靜的角落。

珍娜說話時，身體隨著左右腳的重心轉換而傾擺。「為了孩子，我們必須繼續嘗試。喬治不能這樣年紀輕輕就過世，他必須繼續奮戰。醫生已經同意我們應該再試一次。」

「這是喬治的決定嗎？」我小心翼翼地問，知道這是個危險問題。

「妳也看得出來，他現在沒辦法自己做決定。他會希望我為他做這個決定。」她用責備的眼光看著我，彷彿我的問題對他們的婚姻是一種冒犯。

我的胃一陣翻攪。身為主護護理師，那天會由我來負責給喬治做化療。珍娜是喬治的近親，她現在是

代理決定者。

　　我真希望我在職涯早期有足夠的經驗，可以朝著珍娜走上前去，撫觸她的手臂，溫柔地直視她的眼睛，問她是不是為了發生在喬治身上、還有她生命中的事感到害怕？但在當時，我那顆年輕護理師的心狂跳。我怕她。或許那個開立新化療處方的腫瘤科醫生也怕她，不知道如何告訴她，再多化療也是徒勞，因為她的丈夫已接近臨終之時。

　　我真希望自己有勇氣說：

> 珍娜，這很難受，發生這種事，我很遺憾。妳和喬治，還有孩子，都很傷心。這一切都令人難以理解。我希望事情可以不一樣，但我無能為力。喬治需要妳聽他說，他的奮鬥已經夠了。他不是要放棄；他只是知道他已經走到路的盡頭。不只是在奮鬥階段，在旅程的這一段，他也需要妳和他並肩一起走。我知道妳做得到。孩子們也需要妳幫助他們接受正在發生的事。

　　那樣，珍娜或許會軟化，因為放手而一下子感到

釋放。可是，我沒有跨一大步，靠近珍娜的信任或勇氣，只能退下。

　　道德壓力的感受，化成我胃裡的一陣翻騰扭絞，讓我感到焦慮。我想要說的話，被我緊闔的下巴鎖住，在我嘴裡乾涸。

　　「週六晚上，我和喬治針對治療有一段長談，」我試圖解釋。「我可以告訴妳情況嗎？」我問。

　　「當然可以，但這只是在浪費時間，現在是分秒必爭的時刻。只要他還有任何一絲機會，我們就必須消滅那些癌細胞。」珍娜回頭看著化療準備室，或許她期待有個寫著喬治名字的靜脈注射袋會隨時出現。

　　我感覺原本想說的話在四周飄浮，我的恐懼和珍娜的恐懼抽走它們，全部混在一起。

　　她急步走向護理站，我聽到她的高跟鞋踩在醫院油氈地板上的喀喀聲，那是一個害怕道別的人的聲音。

　　我心裡慢慢有了決定，就像一個因為說了實話而揭曉的祕密。我一定要遵守幾天前我和喬治的對話。他告訴我，他很疲倦，實驗化療奏效的機會微乎其微。他知道死亡已近，也接受該是放手的時候了。

　　我朝著護理長的辦公室走去，我的心在胸口拚命

狂跳，手掌心出汗。我必須談談這件事，雖然退縮的念頭包圍著我。我可以繼續給喬治做化療，就像任何一天一樣，何必這樣？

我和護理長琴的關係不錯。我走進辦公室時，她正坐在書桌前。

「妳有空嗎？我可以把門關上嗎？」我問。

「當然可以，什麼事？」她直視著我的眼睛，坐在椅子裡左右旋轉。琴是那種總是散發著自信心的護理長，無論發生什麼危機，她都知道要怎麼辦。她一頭用髮膠抓出尖角的白色短髮，似乎更突顯了她的能力。

「喬治今天排了化療，我不認為他應該做化療，」我覺得或許我應該直接切入重點。

「為什麼？」琴關心地看著我。

「喬治在週六晚上告訴我，他已經不想再做治療，他受夠了。他知道自己快死了。他今天已經幾乎沒有意識，現在一定沒有能力自己做決定。珍娜一定會為他做決定，而她當然想要抓住最後一絲希望。」強忍的淚水，讓我的喉嚨緊得發啞。

「妳和珍娜談過嗎？」琴問道。

「我試過，但是沒能談太多。她覺得這個決定現

在必須由她來做。」我感覺得到，我的眼淚正被憤怒取代。

「珍妮，這個決定確實要由珍娜來做，」她溫和地說。

我感覺喬治的自主權正一點一滴地流逝，我的勇氣也是。我發現自己在尋找一塊古代裹布的殘塊破片，生命和死亡總是用那塊布裹著，合而為一。接受我們所愛的人將會死去，能夠打開我們的心胸，接納人生的無常、人的孤獨。抗爭到最後一刻，可能會讓我們太快與他們生死永隔，沒有機會好好道別。我知道珍娜正困在牢籠裡，而我的技能、還有制度本身，都無法幫助她拆掉四圍的牆。

我承認琴說得對，怒氣也隨之消退。身為喬治的妻子，珍娜可以為他做決定，雖然這是一個我無法支持的決定。取代憤怒的是自堅定決心而來的安定，我知道自己必須做什麼。

「琴，我做不到。」我的聲音柔和，但毫不妥協。

琴看了我一眼問：「什麼意思？」

「我必須遵守我和喬治的對話。他不想再做化療，我今天不會幫他做。」

「妳請瑪麗幫他做，然後妳要不要就先回家了？妳看起來很累。這件事我們明天再談，」她說，聲音裡充滿疲倦。

我轉身離開。「謝謝，我會回家的，」我說。

走過喬治敞開的房門，我停下來看看珍娜在不在。

「她去買咖啡了，」病房同事說。她可能聽到我和珍娜在走廊一角的對話。她的笑容讓我肯定我有個盟友。

我迅速移動，朝病床走去。喬治身上散發死亡的氣味 —— 那氣味，我很熟悉，它是身體因衰退而產生的變質氣味。他的呼吸很大聲，我可以聽到喉嚨裡分泌物的粗啞聲響，他的咳嗽反射微弱到沒辦法清痰。我知道即使他已經睡去，聽力是最後消失的感官，他很可能意識得到在他身邊的所有事物。

「喬治，好好保重，」我輕聲說。這些話其實說錯了，裡頭沒有一絲直接道別的勇氣。「我只是想要你明白，我聽到你那天晚上不想再接受任何治療的話了。當然，珍娜害怕活在一個沒有你的世界，所以她想要代替你繼續奮戰。瑪麗護理師今天會給你做化療。你要為珍娜做這件事，或許你可以接受。但

是，我沒辦法給你做化療，因為我知道這不是你想要的。」我用手背輕撫他的臉頰，喬治輕輕地動了動。

　　「再見，喬治，」我輕聲說道，悄悄溜出病房，沒有回頭。我走到街上，沐浴在明亮的陽光裡，感覺到我的命運輕輕拂過。我體認到，有另一種醫療正在召喚我。

第三部

# 療癒苦悶之心

「痛苦的重要性在於：起初我們如何逃避，
後來臣服、開始面對，最終超越。」

── 奧黛麗・蘿爾德（Audre Lorde），
美國作家、女性主義者

對許多人而言，要先完成他們希望了結的事情，然後才能對死亡釋懷——哀悼一生中沒去梳理的憂傷；對過去的傷害發一頓怒氣；努力原諒自己或別人，或者至少接受已經發生的事；撫平恐懼和憂慮；和家人、朋友道別；遺愛人間。

選擇坦然接納死亡，無疑會挑動我們許多情緒，像是悲傷、悔恨、憤怒、失望、自責、罪惡感、妒羨、愛、平靜，還有許多許多。鼓起勇氣敞開心胸、面對我們的感受，能讓我們有機會在離世之前深深療癒。在一群願意不帶批判地傾聽的見證者面前吐露自身傷痛，能帶我們走出孤單，進入一個能讓我們有歸屬感的群體。

看到人們為了在死前釋放自己、得到自由，或是在離世後最親近的人也能被照顧得很好而做的事，總是讓我深深感動。我看過英年早逝帶來的創痛，變成選擇有意義的人生的催化劑，而成為一種療癒。

我第一次遇見娜歐蜜時，她13歲。我們在門口握手，她用一雙大大的藍眼睛看著我。她安全地躲進那雙藍色眼睛後方的某處，由於她的母親患有卵巢癌，正在與死神拔河，所以這並不令人意外。

　　這場家庭會議是娜歐蜜的母親塔瑪安排的，她想要和三個孩子與丈夫談談自己，還有他們未來要面對的事。一個垂死的人以這種方式照顧家人，我覺得是大愛與勇氣之舉。很多人都會回避這種令人痛苦難當的對話，這很容易理解。娜歐蜜在會議全程都很安靜，既專注，也心不在焉。她的哥哥、姊姊、爸爸和媽媽談一陣，哭一陣，再談一陣。他們已經在為告別做準備。

　　娜歐蜜和我再次見面，是十年後，就在她突如其來給我的一通電話之後。

　　「嗨，珍妮，不知道妳還記得我嗎？」她問道，聲音明亮而溫暖。

　　「當然記得，」我說。我和她父親、哥哥和姊姊有時還會見面，我從他們那裡聽過一些關於她的事，也經常在想，不知道娜歐蜜在她母親過世後，現在過得如何？

　　「我現在是卑詩大學醫學院一年級生，」她說。「我有六週的彈性課程，可以自己設計課程內容，不知道能不能跟著妳，學習幫助癌症家庭的非醫療方法？醫學院不會有人教我這些事的。」她興奮地說了

一長串話。她在23歲找到了她的聲音，我可以從她的聲音裡，聽到她的自信。

「當然可以，妳來卡拉尼什，我會很高興，」我說，眼裡滿是驚喜的淚水。我可以感覺得到，她母親以女兒為榮的那份驕傲洋溢開來，透過空氣和我的欣慰交會。

娜歐蜜告訴我，在她母親病情非常嚴重時，她經常會在傍晚自己離家，邊走邊哭、邊走邊哭。她總是感覺奇怪，為什麼從來沒有人把一個在晚上時獨自在外哭泣的13歲女孩攔下來，問問她怎麼了？直到有一天，有個老人用和善的聲音問道：「親愛的，妳還好嗎？」雖然娜歐蜜並不好，她還是告訴那個人她沒事，因為當時她沒辦法和任何人談論她母親的事，對一個陌生人更是開不了口。不過，在與那個人交會的時刻，她描述有一波感激的感覺漫過她全身，因為有一個不知道她的經歷的人在關心她，給了她片刻的仁慈。

娜歐蜜告訴我，她母親為三個子女分別錄了錄音帶，也寫了道德遺囑，在離世後留給他們。到目前為止，她母親的智慧，是她在面對人生每個艱難決定時的指引。

她母親在給她的日誌裡寫著：

**我此生留在這個世間的遺澤，會成為他們生活的指引，給他們仁慈、良善和愛，擁著他們走過人生旅途。**

娜歐蜜在卡拉尼什待了六週，對父母們談論留下遺澤給孩子的重要性。她母親為遺澤所做的事，幫助了其他許多親子。

第三部裡的四個故事，描述的是人們努力在死前釋放自己、得到自由，為家人和世界留下遺澤的勇氣和力量。

# 10 貝拉：救贖靈魂

「我的靈魂有個洞，」我問貝拉為什麼參加避靜會，她如此回答。「從我有記憶以來，一直就是那樣。」

十一月一個涼爽晴朗的午後，貝拉把車停進避靜中心的停車場。她在後座拿幾個比較小的包包，我把她的行李箱從休旅車後車廂拖了下來，這時我注意到有一股菸味。癌症轉移可能讓戒菸這件事變得沒有意義。她的黑色長外套衣襬垂到她毛邊冬季靴子的腳踝處，懸掛耳際的銀圈耳環垂到衣領。

「你永遠無法料到自己可能需要什麼，」行李推車塞得滿滿的，她不好意思地笑笑。「沒參加過這樣的活動，不確定適不適合我。」

我想貝拉一定是鼓足了很大的勇氣，才踏出她的舒適圈，參加一個她不認識任何人、一次也沒參加過的避靜會。我經常在想，是不是就像貝拉一樣，有些

人之所以來參加避靜會，是為了回應他們內心深處（或許也可以稱為「靈魂」）需要療癒時所發出的呼喚。他們通常只有在避靜會結束後，才能理解其中的意義。

我們在橫跨布魯溪（Brew Creek）的寬闊人行橋上逗留，溪水在秋日雨後水位高漲，水流快速。

「這裡很好，」她說。「或許，一切都會沒事的？」她側著臉看我。

我點頭答道：「我想會的。」

我們在主棟樓上六間客房裡的一間，並肩坐在雙人床上。貝拉的目光短暫地停留在床頭矮櫃上插著灰粉紅百合花和白色非洲菊的花瓶，還有塞在蓬鬆柔軟的枕頭和羽絨被之間的一張手工卡片，上面寫著「歡迎來到卡拉尼什避靜會」。

「這個檔案夾裡，有這週的行程表和關於妳的小組、我們主辦團隊的資訊，」我說著，一邊打開封面有貝拉名字大寫字的海軍藍資料夾。

「好，」她輕聲說道，摘下她的眼鏡。她在哭。「在我經歷這一切之後，來到這裡，真是讓我鬆了好大一口氣。獨行的人生好艱難，沒有人給你倒一杯

茶，告訴你要好好振作起來。只有我和我的貓，我覺得寂寞。」她伸手從床頭櫃的面紙盒抽出一張面紙，拭拭眼睛。

過了一會兒，貝拉恢復平靜，繼續說：「上個月，我的腫瘤科醫師告訴我，乳癌已經擴散到我的肝，我第一個念頭就是：『我還沒有真正活過就要死了。』死亡嚇不倒我，但是一場虛度的人生讓我害怕。我給自己一週想清楚活著這件事，妳認為我做得到嗎？」

「嗯，我們努力試試看，」我回答，手放在她的肩膀上，像是肯定她的意念。

我起身離開，讓她整理行李。「五點半在樓下有歡迎會，到時見。好嗎？」我問。貝拉已經開始療癒的過程。

走道另一頭模糊傳來另一名團隊成員歡迎學員的聲音，洋蔥和大蒜的味道，宣布晚餐正在準備中。其他新來者會住到一棟有五個房間的屋舍 —— 沿著木棧道往下走、經過小溪和熱浴池，大約五分鐘就到。學員抵達後大約一個小時，大家在休息室集合，參加歡迎會。我們讓大家在晚餐前瀏覽課程表，了解後勤支

援設施，並且介紹工作人員。

　　避靜會的第一餐，餐廳鴉雀無聲，只有想要找到交集的兩人，偶爾輕聲細語。我期待在一週的尾聲，等到人們彼此認識、卸下重擔，最後一餐時餐廳裡鬧哄哄的串串笑語。

　　晚餐後，學員分享彼此的癌症經歷。他們想講多久都可以，也可以從病史的任何時候開始講起。我們鼓勵他們在聆聽時，不必出言回應，也不必有任何反應，也不要打斷別人說話；一個人講完時，在下一個人分享自己的故事之前先暫停一下。能夠在圍圈而坐的一群人面前，在靜默的擁抱裡講述故事，不管講述者有多麼脆弱，都能夠感受到強烈的安全感。在那個空間裡，話語可以自在徜徉，療癒能在其中展開。

　　柴火在溪石砌的壁爐裡，燒得劈里啪啦響，風拍打著窗片。外面的地上覆蓋著一層薄雪，雖然時序還沒有完全進入冬天。

　　大家逐一講述自己在聽到「你得了癌症」這些話時的感受。他們描述手術、化療和放療的艱辛，還有恐懼、憤怒、哀傷和面對未知等的共同感受。之前的生活已經碎裂，新生活卻還模糊不清。他們希望找到

方法，哀悼失落，化解憤怒，學會如何與未知共處，以期可以再次找到喜樂。

有些故事驟然滾滾而出，字字句句落在彼此身上，急著找到關愛的溫暖。藏在記憶裡的細節，因為其他人的誠實也被喚起。有些故事簡單卻扎心。癌症的復發截短了人生，未來的計畫在一個比預期還近的終點裡崩解。孩子會變成孤兒，未出生的孫兒永遠無緣得識。

有些人打開充滿疑問的心，提出無法回答的問題：為什麼是我？為什麼是現在？還剩多久？他們努力理解一個本來不該這樣發展的人生。突如其來一陣寬慰不了的哭泣，就任其盡情宣洩，或是大家會保持靜默，等待講者繼續講下去。

然後，貝拉對大家坦承，她之所以開自己的車來，沒有讓別人開車送她，是怕萬一她需要逃走時可以派上用場，此話引來陣陣開心的笑聲。

☙ ☙ ☙

第三天早晨，對話轉向父母。艱苦的童年是這個八人團體的成員最大的共同點，每個人描述關於養育

他們的父母的忽視與虐待、酗酒和自殺的故事。他們是故事裡害怕、寂寞、叛逆和孤僻的孩子，背負一個他們希望遺忘的童年。他們想要埋葬痛苦的回憶，不論剩下多少時間，都要擺脫過去的重擔而活著。

貝拉的人生有個艱辛的開始。她的父親在她9歲時自殺，她記得某天醒來，母親告訴她，爸爸在晚上意外死去。後來，就沒有人再談起這件事了。她父親亡故兩年後，她母親嫁給約翰，他是個粗暴的人。11歲的貝拉別無選擇，只能和她的母親與繼父同住。

創痛的回憶開始浮現，貝拉小心選擇接下來要說的話。「和你們所有人一起在這個美麗的房間，我沒辦法談那種邪惡。他不值得我們關注。」她的嘴脣抿成一條緊繃的細線，像要防堵任何音節衝口而出，汙染了氣氛。

在潛入過去的陰影之後，午餐的休息時間來得正是時候。避靜會學員和主持人緩步返回木屋，沿著溪水旁小徑聳立的樹木安撫了我們。吸一口臨冬之際的冷冽山風，我們回到當下。

羅宋湯和新鮮的蘇打麵包已經擺在午餐桌上，還有菠菜沙拉加上蔓越莓乾和南瓜籽。貝拉似乎沒什麼

胃口，把菠菜葉推到餐盤邊邊。

↶ ↶ ↶

這個林園有一間橫跨溪流的小木屋，改裝成避靜會的工作室，在屋子裡還能聽到潺潺的流水聲。其中一面大窗，襯著戶外白楊木林的禿枝和白色樹皮，對向的窗戶，可以看到溪水朝著兩側是雪莓灌木叢的橋下滾滾流去。

大自然是療癒過程的要角，能夠開啟覺知的轉變，從強烈的個人經驗轉化為共有、甚至普世的現實。轉向一個更寬闊的觀點，能夠幫助我們覺得不再那麼孤單，與這個世界有更深的連結。

薄暮時分，在避靜會的藝術治療師葛瑞琴，以及另外兩個主持人的陪伴下，大家圍著藝術工作桌集合。每個學員面前的桌面上，都有一張方型紙板，紙板上放著兩塊黏土，其中一塊的大小剛好可以放進手掌裡。

葛瑞琴的聲音柔和而充滿鼓勵。「你可以閉上眼睛，把手掌貼在黏土上。留意一下你手心這一小塊地土透出的冰涼。幾個世紀以來，世界各地都有人用黏

土設計、裝飾物品或當做符號，以使用、玩賞、穿戴或膜拜。今天下午，我們要用黏土幫助我們，看透我們與父母之間的複雜關係。」

　　藝術治療師的一項重要基本技能，就是讓人們安然自在。許多人在年輕時，都不被鼓勵發揮創意，或是因為羞愧而相信自己沒有藝術細胞。

　　「不必刻意去想要做什麼東西，只要讓雙手跟著直覺，做出它們想用黏土做的東西。」圍桌而坐的大家，開始拿著黏土或推或揉、或塑或雕，彷彿有什麼東西或什麼人在告訴他們要怎麼做。有些人繼續閉著眼；有些人張開眼，專心做黏土。在雙手的動作之間，形狀開始出現。

　　貝拉把一塊黏土推到遠處，開始用右手慢慢在桌面搓著黏土，前前後後，一次又一次。她把黏土搓成大約六吋長的圓柱，她在做黏土時，眉間的紋路變得更深了。

　　有個女學員做了一堆彈珠大小的黏土球，每一顆都經過掌心小心搓揉。還有一個人做了一片和手掌一樣大小的愛心，用兩根指頭的指腹，有節奏地拍著表面。我們避靜會的音樂家梅麗里茲演奏著鋼琴，寧靜

的樂音流瀉在室內各個角落；即興旋律的抑揚頓挫反映室內的氣氛，幫助大家保持專注。

　　貝拉迅速起身，走到桌子另一頭，那裡放滿了顏料、布料和紙等美術用品。她在布片和紙片裡翻找，然後拿了一把剪刀，把棕色粗布剪成一塊八吋見方的方形。她動手用那塊粗麻布包住黏土圓柱，臉上閃過一抹微笑。

　　「這樣，我就不用光著手碰他了，」她輕聲對我說。貝拉從線球剪了幾呎長的麻線，用線從上到下一圈圈地纏繞那塊包著布的黏土。她纏線纏得很起勁，一圈又一圈地繞，一直到剩下大約三呎長的繩頭垂到地板。突然間，她把那件作品推到桌子中央。她的眼光從黏土移開，看著她浸過水、用來清潔雙手的紙巾。現在，她已經告一段落。

　　等到大家停下來，葛瑞琴請大家談談自己的體驗，如果他們想講的話。輪到貝拉時，她說她還沒有準備好講話。每個人都點點頭，尊重她的隱私。等到大家動身離開這裡去用晚餐，貝拉留了下來。

　　「是他！他在這裡，現在我必須處理他。可能會相當可怕，」她看著葛瑞琴和我，用一種報復的口氣

說著。那個曾經虐待她多年的男人，從她有生以來，如今第一次在她的控制之中。

「接下來，如果妳需要我們幫助，請讓我們知道，」葛瑞琴說。她輕觸貝拉的肩膀表示：「慢慢來，想一下。或許，今晚妳的夢裡會出現啟示？」

貝拉點點頭。「至少要等到我吃過晚餐之後，或許還要等到我睡了一夜好覺之後。我會把他丟在這個桌底的黑暗角落，思考他的命運。」她的聲音清晰。她現在是主宰者。

第二天早晨，貝拉問她的避靜會朋友，願不願意見證她處置她人生中的負面力量？她需要奪回自己被黑暗奪走的那部分靈魂，她問大家要不要陪她走那條森林小徑，找一個適合處置的地點？後來，大家套上靴子、披上圍巾、穿上外套，和貝拉一起出發，沿著溪邊小徑向雨林出發。貝拉沒想到要穿靴子，從她腳上的金色拖鞋露出塗了顏色的腳指甲，看起來像是對冬天表示不屑。

那個包著麻布的物體，在貝拉身側懸吊著，幾乎要碰到地上，繩子的一頭緊拽在她戴著手套的右手裡，她的另一手拿著一把鏟子。大約走了十分鐘，貝

拉停下來，往小徑左邊的森林裡望去。「這塊濕地看起來很完美，」她說。這片陰濕的地上，長著點點臭菘。

「我從遇到這個混蛋的那一刻起，就想要埋了他。他死後是土葬，但我沒有去他的喪禮。所以，我現在要在你們的幫助下，掙脫這股暗黑力量。但首先，我要讓他滾進爛泥裡打滾！」貝拉大步走向一灘汙穢的死水，慢慢放低那塊黏土，沒入黑水裡。她把它來來回回拽了好幾次，才把它拉出來，她做得很起勁。

「好了，你要完了，永遠沒救！」她把他丟到一旁，開始在深色地面上挖洞。她挖洞的那股狠勁，令我十分訝異。等到洞挖了有一呎深左右，她氣喘吁吁地對著那個躺在洞旁的物體說：「算了，你不值得我們再花任何一點寶貴的時間。」

貝拉執起繩子的一端，冷漠地把那個物體丟進洞裡。她很快用鏟子推了一坏土蓋進洞裡，目光沒有往裡看。

「現在，是最後終曲了。」她看了一下十二個站在小徑邊緣的見證人，丟下鏟子，雙腳跳躍，離地幾吋高，然後重重落在新填的土堆上。她金色的拖鞋，陷進黑色的土壤裡。

「總算送走了！」她來回幾次搓了搓她的手，轉
向她的新朋友。一張張爬滿淚水的臉龐，浮現如釋重
負的表情。

　　「我的靈魂說，謝謝你們，」她說。

ॐ ॐ ॐ

　　六個月後，貝拉告訴我，她靈魂裡的那個洞已經
填補好。她還沒辦法完全信任它，但是她已經開始想
像一個更明亮的人生，無論她的生命能夠延續多久。
在避靜會過後將近兩年，貝拉選擇在離她家不遠的
安寧病房度過她最後的幾週。她妹妹只要有機會，就
會帶她的貓來看她。我敲了敲她個人房的門，聽到她
親切的一聲：「放膽進來，我不會咬人。」我隱約覺
得，這可能是我最後一次來看貝拉了。

　　她沒有穿病人服；她穿著黑、藍綠與深紅色的睡
袍，衣襬長到腳踝，還有相配的藍綠色開襟衫，她的
雙肩上了護肩膏，透著光澤。她的頭髮因為最近一
次、也是最後一次化療而變得稀疏，她透明蒼白的
皮膚，顯示缺乏血紅素。貝拉問我，我們可不可以出
門？這是爭取獨立的最後一記努力，也是為了讓她還

能吸幾口可能是她人生的最後幾口菸。

「妳會讓我扶妳嗎？」我問。

「好啊，如果妳覺得這樣比較好的話。」我可以感覺得到她手臂下側貼著骨頭的柔軟皮膚垂下，沒有肌肉撐持。我們漫步走過一排大部分是關著的房門，到了中庭，那裡有舒適的沙發，可以給一家人坐下，打發時間。我推開沉重的前門，感覺一股新鮮空氣迎面而來。貝拉想要帶我去花園，到那方悉心照料的草地旁，看看夏末時節的花境裡那些紫菀和黑心金光菊。那個夏天，她的健康狀況不容許她打理自己的花園。

九月的陽光在天空中低懸，但還足夠溫暖，我們可以坐在日本楓樹下的長板凳。貝拉問及她的避靜會朋友們、工作團隊的近況，我告訴她最新消息。她沒有對自己關心的人失去興趣，我放鬆融入一場彷彿在她離開很久以後我們還會繼續的對話。

「妳的內心安頓好了嗎？」我問。「妳準備好面對未知了嗎？」

「我準備好了，珍妮。我準備好告別了。我為尋找靈魂所做的一切，都有了回報。我沒有了結的事已經完成，至少在此生已經足夠。我的靈魂已經準備好

展開下一段旅程。」貝拉向我伸出手。

「妳覺得，妳靈魂裡的那個洞，修補好了嗎？」我問。

「這個嘛，妳認為呢？」貝拉笑了。

「我認為妳在避靜會的努力有了報償，」我說。

貝拉點點頭。「我覺得拿回一部分在很久之前不見的我，這都要感謝你們所有人。那個洞填好了，我真希望我再早些年就知道該怎麼做；但無論如何，至少我在千瘡百孔死去之前做到了，」她咯咯地笑了，用穿著黑色麝皮娃娃鞋的趾部踩熄了菸蒂。然後，她慢慢往下伸手撿起菸蒂說：「我還在對大家假裝我沒有抽菸」，把菸蒂塞進她的開襟衫口袋裡。

我感受到一股暖流充滿我的胸臆之間，就我的理解，那是一種深沉的感謝，一種覺得關係圓滿的感受。我們已經做完要一起做的功課，我對所有曾經以為無法與內心那份已和自己融為一體的恐懼和解的人滿懷希望。貝拉向我證明釋放自己、獲得自由的可能性。

## 11 安娜莉絲：放手

在動身前往避靜會前的幾分鐘，安娜莉絲順手帶走五斗櫃上那個裝著泥土的小玻璃瓶。她不知道自己為什麼會這麼做。她最近一次拜訪烏茲堡（Würzburg）時，從她母親墳上採集了一小把泥土帶回家。她母親在1971年過世，享年34歲，當時安娜莉絲6歲。

「再過一陣子，那個墓穴會給別人用，」她告訴我。「除非你一直付租金，不然就會有另一具遺體疊在上方。有某個陌生人被丟進來，放在她上方，不知道媽媽會不會不開心？」她停頓了一下。「不過，再想一下，如果我了解媽媽的話，或許會覺得她喜歡也說不定？」安娜莉絲低啞的輕笑聲有一種感染力。

雨逗留在十一月的灰色薄雲裡，遲遲沒有落下，遠方的黑牙山（Black Tusk）上方開出一片藍天。安娜

莉絲的同期避靜會學員，在溪流一個大彎岸邊的草地上聚集，見證安娜莉絲在四十三年前無法出席的一場喪禮。安娜莉絲正視著自己的死亡，她患了轉移性乳癌，她母親也死於同樣的疾病。

在那個冷冷的冬日早晨，避靜會學員和工作人員在溪邊錯落圍成一圈，我環視著這群願意支持安娜莉絲總結人生中某一章的人。每當我看到陌生人自然而然出於樂意支持他人的內在療癒，我總是覺得充滿希望。或許，我們無法自我療癒，而我們的這種相互依賴，正是療癒的最重要良藥。

在避靜會的第一天，安娜莉絲開著一台古老的龐帝克越野車，消音器冒著藍煙，呼嘯著駛進停車場。前方乘客座椅已經拆掉，把空間留給和她一起生活的伴：一隻13歲的拉布拉多犬「墨菲」，還有一隻拉布拉多和鬥牛犬混種狗「艾迪」。她來避靜會之前，最讓她掛心的就是找人照顧她的狗，以及她的純種馬「梅克喜」一整週。安娜莉絲跳下車，拉了一下她的紅色針織無邊帽，蓋住她的耳朵。在冬季，沒有頭髮是一件辛苦的事。

「好一趟旅程！」她說。「開了九個小時的車！我

的腫瘤科醫師告訴我，我應該來參加避靜會。我信任
她，所以我來了！順便說一句，請叫我『安娜莉絲』，
德文要這樣發音。」

　　我推著她破舊的行李箱走過木橋，指出位於我們
右方的熱浴池和左邊的藝術小屋給她看。

　　到那時為止，我們十二年來每季都用布魯溪中心
做為活動場地。這棟山屋座落於十二英畝原始道格拉
斯冷杉、大葉楓和雪松的林地中間，這片土地在殖
民之前是斯闊米許族（Squamish Nation）五千年來的
家。我的克里族朋友莫琳，有時會加入我們的工作團
隊。她感受到她的祖先存在這片土地上，每晚都會禱
告，感謝祂們的同在，並且請求祂們幫助避靜會的療
癒工作。

　　我們走進木屋的前門，迎接我和安娜莉絲的是劈
里啪啦的燒柴聲。

　　我對安娜莉絲說：「歡迎來到卡拉尼什！歡迎來
到妳這一週的家。」

　　安娜莉絲揚起一邊嘴角苦笑道：「有人告訴我，
這個避靜會很辛苦，是這樣嗎？」

　　「有可能喔，」我回應。「但會是值得的一週，我

保證。」在主持了六十八場為期一週的避靜會後，我對這個過程有些信心。

$$\infty \infty \infty$$

晚餐後的休息室裡，有十八個人在扶手椅裡，圍著爐火而坐。在場的八個避靜會學員當中，安娜莉絲是第一個講述她的故事的人。每個傍晚，包括避靜會的主持人和廚房團隊在內的十名工作人員，全都會加入聚會。

安娜莉絲開門見山說道：「我還沒準備好要死，49歲太年輕了。我比我媽媽多活了十五年，她死於和我一樣的癌症，但是我必須面對的是那股憤怒。從我祖母告訴我媽媽過世、然後不准我哭的那天開始，憤怒就已經在我的心裡。」安娜莉絲凝視著一張張陌生人的臉。

我聽著她說話，思忖著我們有多常把煎熬的體驗先藏起來，留到以後再處理。過去想要有個了結，就像我們未讀完的書，每當我們經過書架時，就會在那裡呼喚著我們。或許，拖延能夠製造我們可能永生不死的幻想。

安娜莉絲在二十多歲時移民加拿大，在她拿到永久居留身分之前都從事保姆工作，之後上大學攻讀心理學。

「我搬到甘露市（Kamloops）是為了有好工作，卻不得不因為癌症復發而離開。我對我的事業滿懷希望。在罹癌之後，每件事都變了，我不甘心嚥下這一切。」安娜莉絲掃視圍坐的每個人，像個孩子向新朋友尋求慰藉。

她滔滔不絕說著她的故事：「媽媽死後，我阿姨搬進來幫我爸爸的忙，他們互相討厭。我覺得自己像個被遺棄的小孩，我爸爸偏愛我哥哥，我阿姨比較疼我弟弟。」她告訴大家過去的種種，回憶湧上她的心頭。

「我沒想到自己會在這裡談這一切，不過感覺不錯。謝謝你們聽我說話，」她說道，匆匆回神，回到現在。她大大的雙手緊緊交握著，彷彿在告訴她，她已經說夠了，她占據了太多時間。

Ɋ Ɋ Ɋ

第二天下午，在木屋樓上沒有人住的房間裡，安娜莉絲背靠著兩個枕頭，雙腿交疊，坐在床上。我則

是坐在一張木椅上，伸出雙腳頂著彈簧床座。

冬天的太陽在下午四點半落下，安娜莉絲身後的窗外，薄暮正等著夜晚來交班。

我傾身向前說：「在避靜會期間，我喜歡和每個人分別有大約一個小時的會面。如果妳有任何事情想談談，這是個很好的機會。」

安娜莉絲怯生生地微笑問道：「我該拿這股憤怒怎麼辦？它讓我痛苦死了。真的就是要我的命。」

「那股憤怒在妳體內，讓妳有什麼感覺？」我問。

「它就像我胸口裡瀕臨爆發的一股巨大壓力。」

「妳曾經爆發過嗎？」

「沒有，但我不斷地動來動去。我從不安靜坐定。我想，我害怕停下來。」她銳利的藍色雙眼直視著我。

「憤怒之下隱藏的，通常是恐懼和憂傷，」我說。「妳害怕的，可能是什麼？」

「從我有記憶以來，我就害怕殭屍，那些夜晚要殺死我的活死人。那就是為什麼我小時候一直失眠。殭屍仍然讓我害怕。」

我進一步試著觸碰恐懼底下的事物問：「談一下

妳媽媽。」

「她很美,每個人都這麼說。她的個子和我差不多高,有一頭閃亮的黑髮,往後梳起來,就像 1940 年代的人那樣。她的眼珠是黑色的,有一個高挺的鼻子,像我的一樣。」她轉過頭,展示她的側臉輪廓。「她很愛笑,認識她的每個人都愛她。我知道她愛我們。」安娜莉絲的臉,在回憶裡散發光芒。

「聽起來妳像是在描述妳自己,除了頭髮以外,」我說著,我認為她開得起這個玩笑。

「我想,我是像她,」她微笑著。「為什麼會有家庭在母親生病時把孩子送走?我感覺像是被懲罰了一樣。」安娜莉絲抬頭看著我,期待這個問題得到回應。

「或許,他們是想要保護妳,不是懲罰妳?」

「保護我什麼?」

「不讓妳看到媽媽那麼痛苦。」

「或許吧。但是,我哥哥和弟弟都留了下來,他們為什麼不需要保護?我一直覺得,他們似乎討厭我,」她說。「即使我在她過世後回到家,還是有那種感覺。」

她的臉龐傳達出很久以前所遭遇的震驚。一股寒

意透進她的臉部肌肉，在兩邊顴骨之間緊繃的皮膚裡，在那雙看過太多世事的眼睛所流露的淡然裡。

「很遺憾令堂過世了，」我說。「她錯過很多，她沒有看到今天的妳，不知道妳在人生裡完成了哪些事情。」

安娜莉絲驚訝地挑起用眉筆畫的眉毛說：「從來沒有人對我說過這樣的話。幼兒園的修女告訴我，我是惡魔生的。她生病是我的錯，她會死是因為我。」

童年遭受虐待的故事，無論我聽過多少次，都殘酷到令我震驚。任何治療師或諮商師都要面對的挑戰之一，就是不要變得對故事麻木，要能像是第一次聽到般那樣傾聽。我們絕對不能問太多關於故事的問題，不能企圖理解這些可怕的事是怎麼發生的，因為這些問題可能會傳達出懷疑的訊息，讓一個人關閉情感。

但是這次，我立即的反應衝口而出：「那很糟糕。那種話絕對不應該對妳說，妳只是個小女孩。難怪妳會覺得每個人都討厭妳。」

罪惡感卡在安娜莉絲的心裡，她覺得自己要為母親的死負責，而只有一個人能把她從這種罪惡感中釋放出來。我問：「妳願意想像妳媽媽現在在這裡與我們同在嗎？」

「我願意，」她說。

「有時我們不會想到要和已經過世的人說話。妳可以想像，如果她今天在這裡，她可能會想要和妳說什麼嗎？」

安娜莉絲靜下來好一陣子，等待她母親的聲音。

安娜莉絲用德語說：「親愛的，這不是妳的錯。我的死不是任何人造成的。把我從妳身邊帶走的是癌症，我已經盡全力要留下來當妳的母親。我用盡了一切努力。」她的母語流露出一種細緻的溫柔。

為了讓我理解，她用英語重說了一遍。一滴淚珠垂掛在她的鼻尖，她伸手抽了一張面紙。

我別開目光，瞥向窗外，給她一點空間。白楊樹枝切割的天空，已經轉成靛青色，這是任何調色盤都不可能調得出來的顏色。

當我們的目光再次交接時，安娜莉絲開口說：「這些年來，我一直都需要聽到這些話從我媽媽口中說出來，知道這不是我的錯。我真的相信那些修女說的話，謝謝妳幫助我。」

「妳的身體記得妳媽媽的愛。放下憤怒和罪惡感，妳會更容易感受到那份愛，」我說。

安娜莉絲點點頭回應道：「但願如此，那很好。不過，還有一件事一直困擾我，珍妮。我希望我當時被允許參加她的葬禮，我爸爸不認為我可以面對，但是我可以。那或許是我無法對她放手的原因。」

「妳願意在布魯溪這裡，為她舉辦一場喪禮嗎？」我問。「妳當時沒有機會說再見。」向我們所愛的人致敬，永遠不嫌遲。

「好呀，」安娜莉絲回答。「當我順手帶走那瓶土時，我內心某處一定知道我會這麼做。我要在布魯溪這裡，給媽媽一個最後的長眠之地。」

ॐ ॐ ॐ

在第二天早上的團體藝術課，安娜莉絲用陶土做出一個小碗。接著，她雕塑出一隻彎曲成淺碟狀的右手掌，小心刻畫出每一根指頭和指甲，讓手可以捧著碗。她拜託我們的治療師葛瑞琴雕塑出一隻和那隻右手相配的左手，或許是因為葛瑞琴讓她想起媽媽的陪伴。那兩隻手一起托著那個小陶碗。她轉開玻璃瓶的蓋子，把泥土倒進陶碗。入土為安的骨灰盒，已經準備就緒。

「我還沒辦法這麼做，」安娜莉絲向大家宣布。「我必須先處理我的憤怒。那種彷彿要爆炸的感覺又回來了！那些童年時孤單一人、害怕殭屍的夜晚，感覺真的很可怕。」

「我們何不出門走一走？」我問她。

「好主意！或許在森林裡漫步會有幫助，」她說。

我們沿著溪邊小徑往上游走，來到一處茂密的雪松林。我們步離小徑，腳下的土壤踏起來有如海綿般鬆厚柔軟。安娜莉絲跨過掉落的樹枝、繞過用來做肥料的倒木，領著我們深入雨林的黑暗深處。她看起來知道她要去哪裡。

「啊哈！」她說。「我們快到了。必須很隱密才可以。即使是在我住的那個偏遠郊區小鎮，也不能隨便宣洩憤怒。你會嚇壞鄰居，他們會報警。」

安娜莉絲一手撐著一棵原生雪松樹身，發出一聲令人毛骨悚然的高聲尖叫。「死亡，我恨你！」她對著黑暗大喊：「我恨你！」然後，她低身跪在潮濕的森林地面，崩潰啜泣。我走近她，右手按在旁邊的樹幹，感受它的力量。

安娜莉絲的身體，隨著每一聲痛苦的啜泣而顫

動。漸漸地，啜泣化為嗚咽，過了一會兒，她轉過頭，一個我可以開口說話的訊號。

「我可以把手放在妳的背上嗎？」我問，跪坐在她身邊。

「當然可以，」她回答。

我的手掌放在她的肩胛骨間，在她的上背處慢慢地畫大圓做舒緩按摩。我們頭頂上方交錯纏繞的雪松枝椏，像個棚蓋般寬厚地環抱著我們。

「或許我們應該歸隊了，他們可能會擔心我們，」幾分鐘後，她語帶輕快地說。

「妳準備好回去了嗎？」我問。

「那聲尖叫遲來了五十年。我完全準備好了！還有，我餓扁了。」

安娜莉絲站起來，拍掉她潮濕膝蓋上的碎松枝，往木屋走去。她覺得餓，這是她體力消耗的證明。

❧ ❧ ❧

安娜莉絲邀請她的避靜會朋友第二天來參加葬禮。他們當中有些人也懷著不曾梳理的憂傷，於是和她一起哀悼。她雙手捧著陶塑的雙手，踩著步道，從

美術工作室走到大家聚集的草地上。紅柳枝條和光禿禿的血皮槭彷彿注視著她走過，就連太陽也用寬厚的冬日陽光擁抱著她。

大家圍成一圈，安娜莉絲逐一給每個人看小陶碗，每個人注視碗裡時，都低頭鞠躬致意。

「謝謝你們今天在這裡和我一起，」她說。「經過這麼多年，我還能夠做這件事，真的很神奇。」

安娜莉絲走下矮堤，到一小片礫灘。她轉過臉，望著上方草地上她的避靜會朋友們。她的臉頰上有淚痕閃著亮光，但是她的臉上掛著燦爛的微笑。

「我緊抓著媽媽四十多年，因為我不知道怎麼說再見。今天放手讓她走，表示我終於可以平靜了。」

安娜莉絲穿著她從避靜會朋友那裡借來的膠靴，涉水走到水流潺潺的溪心。她彎下腰，長外套下襬隨之浸入冷冰冰的溪水。她把陶碗放入溪水，安置在光滑圓潤的石頭上。

「哇！妳看到了嗎？」她抬頭問我，咧嘴一笑。

「沒有。怎麼了？」

「我一把碗放下去，水立刻把陶土沖刷走，速度飛快。我猜，她準備好要走了？」

長笛的聲音劃破我們頭頂天空，飛揚的高音似乎要載著我們進入一個生與死共同停留的空間。我放眼眺望，看到梅麗里茲就在對岸，站在兩棵樹的中間，她銀色的長笛在陽光下閃閃發光。安娜莉絲挽著我的臂膀，我們安靜地站在微弱的冬日陽光裡，看著溪流撫過溪心的陶碗。碗要經過幾個小時才會完全溶解，直到那緊扣的陶塑雙手終究也能放手。

　　我遞給安娜莉絲一個裝滿紅色、橘色和白色玫瑰花瓣的小玻璃碗，這些是從每位學員床邊的花束蒐集而來的，那觸感如絲絨般厚實的花朵，能為癌症的心碎帶來美的撫慰。她抓了一把，撒進水裡。色彩在晶瑩剔透的水流裡舞動，順著漩渦流轉往下游飄去，引起上方的觀眾發出一聲驚嘆。他們一個一個走下岸邊，在溪水邊，丟一把花瓣到急流裡。我們頭頂的雲在冷風裡匆匆飛過，彷彿也趕著要去哪裡。

　　安娜莉絲費勁地往上走回草地，迎接她的是大家祝賀的擁抱。

　　「那真是太神奇了。妳做得很好，」聚集的人落下淚來。

　　「我現在可以放那首歌嗎？」安娜莉絲指著她在

附近野餐桌上設置的無線喇叭問我，她的聲音流露著歡欣。「我母親在死前留給我〈野東西〉（"Wild Thing"）這支單曲，我聽了幾千次，我想和你們所有人分享這首歌。」

穴居人樂團（The Troggs）的音樂有力地流瀉而出，貝斯在人聲底下低沉地砰砰響著。

安娜莉絲牽著我的右手，還有葛瑞琴的左手，高高舉起我們的手臂過頭。她搖擺著她的身體，彷彿她的肝或骨頭裡沒有癌細胞。每個人都手牽著手，一邊搖擺，一邊唱歌。

安娜莉絲的聲音，比任何人的都大聲。

ᔰ ᔰ ᔰ

我最後一次和安娜莉絲對話，是避靜會五個月後在安寧病房裡。在我拜訪她的前一天，她有個朋友把她的兩隻狗墨菲和艾迪帶來。安娜莉絲告訴我，她有多麼想念牠們，她好喜歡讓牠們跳上她的床，舔得她滿臉口水。她的臉因為類固醇的作用而變得圓滾。

安娜莉絲雖然因為腿部腫脹無法下床，但是她很開心。「珍妮，妳可能會以為我瘋了，但是我仍然認

為我會好轉，」她說。即使身體在衰退，希望還是能
夠透進堅強的靈魂。

　　安娜莉絲在三週後過世，離她的50歲生日只有
十二週。

# 12 克絲汀：為生命目標而寫

克絲汀因為霍奇金氏淋巴瘤復發進行幹細胞移植後，參加了卡拉尼什為期一週的避靜會。霍奇金氏淋巴瘤是一種好發於年輕人的癌症，通常可以治癒。克絲汀前一年的三次化療失敗後，移植就是她治癒的唯一希望。

移植手術讓她住院了一個月，之後她參加了一場馬拉松。她說，和移植手術比起來，全程馬拉松跑起來就像公園裡短短的一段散步。她要為很多事活下去，她才32歲，和剛結婚兩年的丈夫以恩有前途光明的事業，也希望能有孩子。

克絲汀大大的藍色眼睛，看起來像被撐開的一樣，讓我想起學步幼兒在玩偶被別的小孩搶走時眼裡的震驚，那種在哀號爆發之前代表著失落的震驚。克絲汀的皮膚蒼白沒有血色，她那弱不禁風的身體，是

因為住院一個月和特高劑量化療造成的虛弱。要不是幹細胞在她的血球數降到零之際就注入她的身體，那樣的化療足以要了她的命。不過，幹細胞一旦植入骨髓，就是一個展開無癌新生命的希望。

克絲汀告訴我，自從移植手術之後，她一直覺得冷。在避靜會那週，她大半時間都穿著好幾層衣服再裹上毯子，窩在火爐旁邊的沙發上。

愛與關懷、健康食物、按摩、音樂、藝術創作、真心對話，還有在大自然裡散步，讓克絲汀恢復了一些生氣。在那六天裡，她慢慢地破繭而出，胃口變好了，皮膚變亮了，我們也開始認識這位平靜的戰士。她堅毅與風趣兼具，也有無盡的耐心，傾聽其他避靜會學員的故事。

避靜會過後四個月，她打電話給我，聲音活潑而有力。

「珍妮，我有個構想。我們能見面談嗎？」

我很高興接到她的電話。

「明天下午一起喝杯下午茶聊聊如何？」我問。

「沒問題，三點？」

第二天，克絲汀腳步輕快地跳下她那部海藍色的

吉普車。她的金髮長到可以高高梳起一小把馬尾，她的臉色紅潤。她穿著充滿夏日氣息的藍白色襯衫，搭配短夾克和牛仔褲。癌症的唯一證據是靜脈插管在她鎖骨右邊所留下的一吋長傷疤。

我們端著裝了伯爵茶的馬克杯，坐在團體室的沙發上。

克絲汀起了話頭問：「妳有興趣在卡拉尼什開寫作課嗎？」我知道克絲汀在罹癌之前是記者，我很高興看到她對人生中所做的事情重燃熱情。她告訴我：「寫作是我度過這場癌症夢魘的生命線。」

「當然！我想過很多次，只是還沒有採取行動。我一定是在等妳來，」我回答。

她告訴我她的構想：「我們一班最多應該可以招收十四個人，一週一堂課，一共八週。一堂課或許是三個小時，如果妳覺得大家有這個體力的話。我們可以採用安赫斯特寫作會（Amherst Writers）的模式，用提示幫助大家聚焦於一個主題。他們可以用大約30分鐘寫作，願意的人可以朗讀作品，讓其他學員回應。不是要他們評論作品，而是說說這篇作品哪裡感動他們，或是挑戰他們的想法。」她興奮地侃侃而談。

「我們什麼時候開始？」我問。

「現在？」

「寫作班要取什麼名字，有想法嗎？」我問。

「這個嘛，其實有喔！」她燦然一笑。「妳已經有卡拉尼什避靜會，和卡拉尼什讀書會，所以就叫卡拉尼什寫作會，如何？」

「看來，一個新課程剛剛誕生了，」我說。

當生命目標從克絲汀發亮的面容散發出光芒，癌症頓時杳無蹤跡。

我們規劃在2008年春季，開設第一期卡拉尼什寫作會。消息公布後，一週內就已經額滿，還有候補名單。報名的十四個人，大部分之前都沒有寫作經驗。早在第一期還沒有結束之前，寫作學員就開始要求開第二期。

❧ ❧ ❧

同年深秋，第二期開班時，十四位卡拉尼什作家在團體室集合圍成一圈。柴火在壁爐裡劈里啪啦地燒著，雨珠敲打在離我們頭頂兩層樓高的天窗玻璃上。保暖毯包覆著膝蓋，闔起來的筆記本靜置在大腿上，

等著有人來打開，發現新鮮的文字。克絲汀分享了她
筆記裡的一篇作品：

> 「當癌症在我體內紮營，在我踏上了理應是
> 一條復元之路後，我就能夠脫下我那件刺癢
> 的『專業自我』毛衣。我再也不必去問一個
> 溺斃男孩的父親，現在打算怎麼辦？也不必
> 把麥克風遞到女兒被謀殺的母親那顫抖的雙
> 脣前，問她感覺如何？……」

克絲汀抬頭看著大家說：「歷經這一切，我母親的
表現令人讚嘆。沒有她，我沒辦法做到。她鼓勵我放
下壓力沉重的事業，說我可以找點別的事情做。」她
伸手拿了一張面紙，拭了拭她的雙眼，然後繼續唸完：

> 「不 —— 我的未來，無論會是什麼樣子，都
> 等著朝往新方向開展，等著我走向它，一次
> 溫柔的一步。」

克絲汀闔起她的筆記本，長長地吐出一口氣。無常
的現實，拂過這個團體，幾個人在椅子裡換了換姿勢。

$\wp\ \wp\ \wp$

為期八週的第三期卡拉尼什寫作會，在2009年末展開。茶几上擺著一根長五呎的樹枝，形體彎曲歪扭，光禿禿的，十分醒目。

克絲汀喜歡挑選獨特的提示物，以挑戰寫作學員的思考，刺激他們探索人生。她尋找她認為能夠激發創意的詩或文章段落，並在每期結束時蒐集作品，彙編成選集，印刷出來、裝訂好，給每個學員帶回家。

「我們今天大約花30分鐘寫作，挑一個你站在某個十字路口、某個分岔點上的時刻來寫。或許，你的人生在環境的迫使下，或是在選擇時改變了方向。那是什麼樣的情況？你的感覺如何？」克絲汀對圍坐成一圈的十四個人說：「運用你的五感，描述你人生的那個時刻。希望這根樹枝，能夠成為觸發你靈感的繆思。」

每個寫作學員凝視著空白頁面，房裡陷入一片沉寂。

「讓故事自己寫，」克絲汀說道。「它知道自己想說什麼。」

不久，空氣中出現筆和鉛筆在頁面上移動的聲音，首次從作家內心找到出口、進入這個世界的文字

逐一浮現。時間在不知不覺中，分分秒秒地流逝。

　　二十五分鐘之後，克絲汀開口說道：「還有五分鐘，請開始收段落。你可能還沒有完成，但沒有關係。」筆記一本本闔上了，學員們環視室內，彷彿剛從催眠中甦醒過來。

　　「誰想要對大家朗讀自己的作品？」克絲汀問。「不強迫。你的作品可能太新鮮，還無法大聲唸出來。」學員們低頭看著自己寫的東西，好像頁面上有個分數，令自己嚇了一跳。「『謹慎小精靈』可能正坐在你的肩頭，對你品頭論足一番，但你可以忽視他的嘲諷和奚落，管他三七二十一，唸就是了。」

　　克絲汀曾和學員說到關於「謹慎小精靈」的事，這是她給我們內心的批判者取的綽號，大家覺得這個概念對建立寫作和大聲朗讀作品的信心很有幫助。在最早幾期的寫作班，這個批判者是新手學員內心的常客。有時候，「謹慎小精靈」會妨礙學員朗讀作品，或是讓他們在朗讀之前，先說些像「這寫得不是很好」、「要大聲唸出來真是不好意思」，或「我沒有你們那麼會說話」之類的話。

　　一週週過去，隨著每個敘事者找到自己獨特的表

達方式，「謹慎小精靈」也多半被遺忘。

「我來唸，」瑪莉娜說。

克絲汀點點頭，請她開始。

瑪莉娜自在地朗讀，結束時，垂眼看著她放在腿上的手。化療對她的癌症沒有用，她的孩子還在讀小學。

然後，克絲汀問大家：「你從瑪莉娜的作品得到了什麼？哪些詞語或句子，讓你印象深刻？哪些讓你感動？她的作品觸動了你對癌症的體驗嗎？」

我們要求學員不要評價作品本身。如果有作品被認為「優美、深刻或精采」，可能會引起其他作品較差的感覺。如果回應者只闡述自己對於作品的個人感想，通常能為作者帶來洞見。

「我喜歡『生命之火』這個詞。我也有同感，生命之火令人害怕又振奮，」癌症最近復發的史帝芬這麼說道。「罹癌很可怕，你的生命枯枝有可能會因為一點餘燼就起火燃燒，然而為我的人生點燃這種迫切感的，也是這把生命之火。沒有時間可以浪費了，這令人振奮，它給我當頭棒喝！不過，也不要把這解讀成癌症是一份禮物，我討厭這個已經用到爛的說法！聽到這種話，會讓我想要原封不動地把這份禮物還給

送禮者。」他笑了。

　　「下一個換我來唸，」依芳說。九個月前，她的預後很不好。她的好轉，讓自己和醫生們都嚇了一跳，而她不知道好轉的原因是什麼。「我寫的這篇叫做〈分岔線〉，」她說。

> 算命師說她會看手相。
> 我們看著我的右手。
> 我的生命線有條分岔線，既深又長。
> 那個分岔指的是癌症嗎？
> 或是用與原生家庭不同的方式，
> 處理我人生事物的決定？
> 我相信自己能夠長壽嗎？
> 我相信自己與眾不同嗎？
> 我相信我所做的事情拯救了我自己嗎？

　　過幾年就要七十的亞瑪拉還沒開口，她處於乳癌的緩解期已經兩年，她認為自己已經治癒。她一邊說話，一邊用右手拉著左手指頭，一根接著一根，關節咯咯作響。

　　「依芳，我不敢想我們對生命的長度可以有那麼多

的掌控權，那表示或許我可以或應該做得更多。我想知道妳的祕訣，但那可能不是我的祕訣，」亞瑪拉說。

「妳的作品讓我充滿希望，依芳，」克絲汀說。「我們永遠不知道自己何時會死，不是嗎？我喜歡它的奧祕，因為或許我的人生劇本還沒有寫好。」

有十個學員朗讀，四個選擇不要。綿長無垠的時間跨度，與細微到極致的剎那時刻，都是這群與生死現實周旋的人寫作、回應的題材。

這堂課由一首關於路的詩做為尾聲，由克絲汀朗讀。

紀錄
作者：克絲汀・安德森

你來了
破破爛爛的
連縫線都已撐破
散開的紙頁
承載著這副身體的故事。
溫哥華
蒙特婁
西雅圖

德州
無數個醫生寫下的數千頁訴說著
四個漫長的年頭
一千四百五十二個日子
裡頭描述的盡是
「不幸的年輕女子」
「焦慮、年方三十二歲」
「無病史」
「清瘦而蒼白」
「胸部有相當大的腫塊」
「異常具侵略性的疾病」
「沒有已知療方 —— 全球皆是如此」
「給這個『不幸病例』緩和性化療」

不幸，是指我嗎？
這些字字句句經過口述、
謄寫、打字，裝進破爛信封寄來給我，
今天早上跟著廣告單和帳單，
來到我的床邊。
家庭醫師、外科醫師、腫瘤科醫師、內分泌
科醫師、影像診斷科醫師、血液科醫師，

各有處理我的身體的方式，

它的血、它的骨髓、它發展中的細胞，

都在講述一個在此之前

看似絕望而徒勞

悲傷而不幸的故事。

☙☙☙

第五期是規劃在2010年秋季開課。克絲汀的癌症復發，她接受了緩和療護，想要延遲病勢的發展，但無法達到治癒的效果。克絲汀和我挑選了「時間」做為主題，這次的寫作焦點是我們和過去、未來與現在此刻的關係。這一期有十二名舊生、兩名新生。

克絲汀和我都擔心她是否有足夠體力帶班。第一堂課開始前一週，我和克絲汀每天早上都通電話。她感覺糟透了，新的化療榨乾了她的每一分力氣，每一天，她連下床走到沙發都很勉強。

就在第一堂課開始前幾個小時，克絲汀屈服了。這是一個重大決定，因為寫作班已經成為她每天早上起床的主要原因之一。

「我一直都在害怕，這個癌症最後會讓我不能做

自己喜歡的事，我痛恨這場病！」

　　我可以感受到憤怒下的哀慟。

　　「我也討厭這樣，真的。我很難過妳今天不能來。」我知道不管說什麼，都沒有辦法讓她覺得好過一點。所以，我聽她繼續說。

　　「我害怕我永遠無法回到寫作班，」她的聲音在顫抖。

　　「我知道妳怕。恐懼會讓未來縮小，我們先讓妳度過今天再說，」我回應。

　　「也對，好吧。我現在去睡一下，或許接下來，我會試著寫一點東西，用我們今天本來要為班上安排的提示。」

　　「對了，妳知道寫作班可以轉移陣地吧？還記得卡蘿－安沒辦法來卡拉尼什時，我們把讀書會搬到她家去嗎？」

　　第五期的所有學員都認識克絲汀，那天下午的第一堂課，寫作提示就是對她缺席的感受。

　　我寫了這首詩給她：

　　**給克絲汀，我的好友與導師：**

今天的圈圈，

缺席的妳，

怎麼會有這麼強的存在感？

妳的人雖然不在這裡，

但是妳的心和妳的精神

就坐在我身邊。

我可以聽到、感覺得到妳，

妳永遠都在我的心裡。

ɞ ɞ ɞ

　　第五期課程結束後兩週，距離耶誕節只有一個月，克絲汀同意讓她熟識的一小群人到家裡，上一堂唯一的課。在場每個人都知道，她的生命即將走到盡頭。後來我才發現，原來她母親並不知道克絲汀快走了。她母親最近讀了這篇故事，寫了一封電子郵件告訴我：「其實，我不知道。我從來不相信她不打算以她過人的頑強扭轉情勢，即使到了她生命的最後一天，她都會拚命重新回到生活。已經超過八年了，我還是很難相信她走了。那個詞語我說不出口，我一直用『失去她』來表達這件事，因為那是我對這件事情

的感覺。」

　　每個做父母的人，對孩子的死亡都有獨特的敘事。我從和克絲汀母親的互動裡，虛心受教學到了重要的一課：對於任何痛到極致的失喪者，絕對不能自以為知道他們理解的真相是什麼。

૪ ૪ ૪

　　在一個天氣陰沉的午後，我們一行六人，來到克絲汀和以恩位於深灣（Deep Cove）的小屋。在門前迎接我們的，是他們巧克力色的拉布拉多犬芬根。克絲汀坐在起居間的沙發上，她的體重掉了好幾磅，灰藍色眼睛下方的顴骨突出。她把所剩無幾的寶貴力氣都用在這場聚會。今天的透支，她可能要花好幾天償還。

　　「我無法描述你們在這裡對我的意義有多大，我好想念大家。」她的聲音雖然虛弱，卻有一種知道時間珍貴的女子所流露的急切。當我們體認到自己是在見證一個結局，而克絲汀和她家人的未來將在這個結局裡粉碎，屋內沒有一雙眼睛不噙著淚水。

　　「好，我們來寫作吧，」她說。「那是你們來這裡的目的！你們知道的，我受不了太多哭哭啼啼的。」

為了她，我們努力擠出笑聲。

　　我們把寫作時間限制在十分鐘，然後和往常一樣，分享我們的作品。每個人朗讀兩次，有幾個人回應。

　　卡蘿－安戴著氧氣面罩讀了她的詩。就像克絲汀，她也知道自己的時間有限。

**在克絲汀家的白色房間**

經過一座橋，以及被雨浸濕的濕滑馬路，我
們到了，
進門後：白色，寧靜，母親，泡好的茶。
豐盛的餅乾，現在，聚會最重要。
克絲汀在這裡，包得暖暖的，半帶著虛弱，
卻如此有存在感。
等我們上完課，天就黑了；可能會冷，又濕。
可是，最重要的是我們都來了。
我們很簡單；事情很簡單，就像妳的空間一樣，
安全，一片純白。
我們在這裡，我們到這裡 —— 是為了妳。
克絲汀，妳是最重要的。

每個學員都朗讀，每一篇作品都是獻給克絲汀的禮讚，也是告別。在我們告辭時，學員們逗留在前門，頓時語塞。在這個近在眼前的尾聲時刻，找不到適當的話說。如果我們承認這可能是我們最後一次拜訪，是否因此向克絲汀傳達，我們正在放棄希望的訊息？如果我們不承認這是我們最後一次相見，我們會傷害克絲汀嗎？要是知道今年的耶誕節，可能不會是個快樂的節日，此時還可以說一聲「耶誕快樂」嗎？

　　類似這樣的時刻，一個有幫助的做法就是停在當下，跟著病人的引領。

　　「謝謝你們遠道而來，」在大家翻找靴子和外套時，克絲汀這麼對大家說。「但願我們會在這裡再次見面。如果沒有，請繼續寫作，好嗎？祝大家耶誕快樂，」克絲汀說道，盡力流露開朗的神色，她已經保住一聲有尊嚴的再見。

　　我在擁抱她時，掌心感受到她突出的肩胛骨。「妳是我非常親愛的朋友，永遠都是，」我在她的耳邊低語。「謝謝妳帶來的一切！」

♌ ♌ ♌

三週後，我開車橫跨第二海峽大橋，冰冷的雨狠狠打著車子的擋風玻璃。後來，這一趟成為我最後一次拜訪克絲汀。我把車子停在街上，頂著雨勢推開車門，從前門進去。以恩之前就告訴我，不用敲門，門沒有上鎖。

　　雙人床占滿他們小屋裡唯一的臥房，那裡有一窗海景。我只能看到她露在厚厚白色羽絨被窩外的一縷金髮。

　　我彎身對著那團被窩說：「克絲汀，我是珍妮，我來了。以恩說，妳可能可以短暫會客。」

　　克絲汀從被窩裡露出臉來說：「真好」，閃過一抹微笑。

　　「我可以在妳休息時，安靜地坐在這裡。還是，妳想要我唸幾首詩給妳聽？」

　　我把手放在被子上輕輕按壓，在我覺得她的手臂可能所在的位置上。

　　「嗯，請唸詩。」

　　「我給妳帶來了第五期的選集，」我說。

　　我感到很安慰，她能夠看到她在三年前就預想好的一套五本選集裡的最後一本。

「紫色，我就希望它是紫色的，」她看著我手裡的冊子，輕聲說道。

克絲汀喜歡為之前每一本選集的封面挑選顏色。她希望書封的顏色和內頁文字的感覺一致，我很高興她喜歡。

我把椅子拉近床邊，我注意到床頭櫃上，在面紙盒、口部清潔海綿和護唇膏之間，擺著裝框的結婚照。

我打開薄薄、閃亮的紫皮書《卡拉尼什寫作集：第五冊》，翻到第11頁。克絲汀因為病況嚴重，無法帶領第五期寫作班的任何一堂課，不過堅持即使她缺席，我們也要寫下去。

「我們在這一冊，收錄了寫給妳的幾首詩，」我說。「我想唸瑪麗安的詩。」

瑪麗安和克絲汀一樣，在三十出頭診斷出癌症。她發現，在她歷經治療的艱辛時，寫作有種療癒的力量，於是盡可能出席寫作課。

在我唸詩時，克絲汀閉上雙眼。

**親愛的妳**

**作者：瑪麗安・布朗**

親愛的妳，

雖然妳在遠方，

卻也在身旁。

妳永遠沒有結束的詩篇，

輕聲訴說著美麗的祕密

帶領我們向前。

我們動筆

是為我們全部的人，

還有為妳

留住足夠的恩典。

克絲汀慢慢轉身，面向著我，睜開她的雙眼，她的眼裡有靈魂的光采，雖然住在一個虛弱到再也無法留住靈魂的身體裡。

「我再讀最後一首詩，好嗎？」我問。她點點頭。

**給克絲汀**

**作者：蘿拉‧保羅**

**在妳第五個班的第一天**

**寫給妳**

想念妳

　　今天非常想妳

　　我們文字的歡樂繆思女神

　　那閃爍，那光芒

　　妳愛的言語流瀉而出

　　溢滿這個空間

　　帶著我們從歡笑到淚水

　　再從淚水到歡笑

　　這往而復返的旅途上

　　這驚奇與文字的心動旅程裡

　　有我們對妳的愛的善意。

　　我的聲音在顫抖。在克絲汀的生命盡頭，愛混合了憂傷，讓我難以開口。我闔上詩集，把它放在床頭櫃那堆書的最上方。

　　「妳知道嗎？當我懷疑自己能否走下去時，是卡拉尼什寫作會給我繼續的力量，」克絲汀說。「它給了我一個我一直在尋找、卻不曾找到的目標。」

　　「我會想念妳的，我的帶班老師。妳教了我好多，沒有妳，一切不會一樣，」我的臉在哀傷中淚濕。

「如果我有機會寫一本書，我要把它獻給妳，謝謝妳相信我可以成為作家。」我彎下腰，在她冰涼的臉頰上吻別。

我套上靴子，從前門離開時，芬根舔了舔我的手。我發現，以恩在客廳的沙發上睡著了。

2011年2月7日，在白色羽絨被下，克絲汀在家與世長辭。

卡拉尼什寫作會繼續蓬勃發展中。

## 13 露易絲：原諒的可能

　　露易絲和我第一次見面的地點，是座落於高聳冷杉群間的一座亭子，從避靜會中心往上坡走幾分鐘路程就到。我認為，露易絲或許希望我們的第一次對話是在私下進行，而不是在其他避靜會學員面前，因為我注意到她午餐時選擇一個人獨坐。

　　露易絲在35歲時，被診斷出患有一種罕見癌症，診斷六個月後擴散到其他器官。她在診斷當時的預後不到一年，但是我們一起坐在亭子遮棚下一張褪色長板凳上的那個時候，距離診斷已有兩年的時間。在九月將盡之時，八角結構體的亭子，八面落地敞開，面向森林，迎接涼風吹拂。

　　「妳希望從這一週得到什麼？」我問。

　　露易絲垂著眼回答，沒有和我的目光接觸。她的措辭謹慎，彷彿說出來的話會變成呈堂證供。我看過

羞恥感的毯子，把人用自我價值感低落層層裹住。

　　「我不知道還能到哪裡求助，」她說，手指敲著板凳側邊，腳在陳舊的木板地上磨著。「在此之前，我其實一直都沒有很想要活著。」她停頓了幾秒鐘，好像必須等話從黑暗深處浮現。「癌症讓我想要活下去，這是最諷刺的事，」她說。

　　為了治療癌症，露易絲試遍她所能找到的每一種療法：自然醫學、順勢療法、冥想、能量療癒、信仰療癒，還有傳統的癌症療法；沒有一種方法是她沒有試過的，除了避靜會。即使我在我們當初通電話時曾向她解釋，避靜會做的是心靈上的療癒，不是疾病的醫治，但是露易絲還是希望在避靜會的這一週，可以解開她的生存之鑰。人們通常需要把希望寄託在別處，但是對露易絲來說，避靜會就是她的寄望。

　　「我相信，如果我可以處理我的過去，我的身體就會痊癒。回憶奪走了我的生命力，就像吸血鬼一樣，」她說。她一頭中分及肩的棕髮，直順地垂落著，遮住了她大半臉龐。

　　「妳相信妳的過去，是引發癌症的病因？」我問。

　　「或許，」她說。「我從整個青少年時期一直到

二十歲出頭，都想去死。等到我可以獨立時，我就立刻離家，那年我17歲。妳覺不覺得，死亡的念頭會引發癌症？」

「許多有無法承受的童年經驗的人，都曾經希望自己可以死去、逃離一切。但是，以我從事這份工作三十年的經驗，我必須說，我相信癌症多半是隨機事件，心智或許不像我們以為的那麼有力，」我說著，感覺臉頰因為湧起的信念而發熱。

事實上，露易絲過世之後，有公開的研究結果顯示，在童年歷經磨難的人，例如創傷、虐待和忽視，疾病風險會增加，包括癌症。露易絲相信，她的過去對她的癌症有影響，這是她尋求治癒的動機。她知道她在做什麼。

露易絲終於抬頭看我。她那雙淺灰色眼睛，流露一股深沉的哀傷，但是我也發覺我們之間閃現一股連結。根據我的經驗，從受虐童年療癒的動力一旦點燃，就能讓人脫離自責的慣性，擁有自由的可能。

那個傍晚，露易絲向團體講述她癌症確診後的生活。她談到一場十個小時的手術，還有痛苦的術後期，也詳述了她在做化療那些年病得有多重，以及她

每次都是獨自一人到癌症中心赴診。

　　每當露易絲另起一段故事，團體都邊聽邊點頭，表示關心，鼓勵她繼續講下去。他們知道不要用建議、問題或老掉牙的話打斷她。

　　大約半個小時後，露易絲說：「我之前認為沒有人會願意待那麼久，從頭到尾聽完這個可怕的故事。」

ȣ ȣ ȣ

　　在接下來的五年，露易絲成為我諮商辦公室的常客，也在我們中心參加許多支持團體。離我們第一次見面大約兩年後，在諮商時間快結束時，露易絲告訴我，她是亂倫的倖存者。

　　「他在我體內下毒，引發我的癌症。雖然我努力擺脫，它還是在那裡，」她說。「我要說的是，現在得癌症是我的錯，我錯在沒有更努力掙脫。」然後，她慢慢起身說：「我得先走了。」

　　她說話時的信念之強烈，讓我屏息。

　　「露易絲，謝謝妳告訴我，」她打開門要離去時，我對她說。「在我們下週會面之前，如果妳需要，打電話給我，好嗎？」她點點頭，輕輕在身後關

上門。

　　露易絲努力治癒她破碎的靈魂，即使她的身體一點一點地對癌症投降。她為自己不曾擁有的父母和童年哀悼，對自己失去純真感到憤怒。她學會原諒自己曾用種種方式糟蹋身體，釋放了她受到虐待自己多少也有錯的罪惡感。漸漸地，露易絲開始描述，她感覺到她衰弱的身體裡，有一股內在的活力。她說，她的靈魂一定是在長長的沉睡之後，已經甦醒。

ஐ ஐ ஐ

　　43歲，過了她原本預期的大限之後八年，露易絲正在靠近人生的盡頭。她有好幾回住進安寧病房做疼痛管理，也開始把東西分送給她最好的朋友們。

　　一天早上，我接到露易絲一通緊急留言。「我昨夜醒來，聽到我腦中有個聲音說：『在妳死前，妳必須和妳父親對質。』我想，開什麼玩笑？我做不到。這太嚇人了！他可能會殺了我，」她說，聲音在顫抖。「但是，珍妮，我現在知道，我不能在進棺材時，還讓我的心裡、我的家裡藏著這個可怕的祕密。我必須說出真相，妳願意幫我嗎？」她問。

「我當然會幫妳，」我不假思索回答。在我答應幫助露易絲面對她父親的承諾背後，陣陣的情緒和問題湧進我的內心——要是他否認虐待怎麼辦？要是他拒絕談話怎麼辦？要是他承擔責任呢？我感到害怕，同時也懷抱希望。我知道我需要尋求協助，我需要一位在性虐待案件的介入比我更有經驗的治療師。

我打電話給蘇珊，她是我熟識的心理學家，在輔導亂倫倖存者有多年經驗。在接下來幾週，我們三人花了好幾個小時會面，規劃並練習如何安全地進行這件迫切的重要事情：露易絲要對她的父親說出真實心聲。

露易絲與她在亞伯達省的父母關係疏遠。她一年去看他們一兩次，從來不留在屋裡過夜。他們家從來沒有談過這件事。她寫電子郵件邀請他們來溫哥華參加會議，討論她的臨終事宜。他們同意前來。

☄ ☄ ☄

露易絲和我走進治療室。蘇珊提早到現場，在我們抵達前先安頓露易絲的父母。露易絲對她的父母微微點頭，他們分坐在治療室的兩側。露易絲選了最靠近門口的椅子坐下，那裡離她父親的位子最遠。

蘇珊為會議開場，在正式進行之前，說明聆聽和不插嘴的基本規則，這時我迅速打量現場，評估情況。露易絲的父親身材瘦高，大約180公分，身穿牛仔褲、格子襯衫，一頭灰色短髮，棒球帽鬆鬆地戴在頭上。他的身體往前傾，專心地盯著地板。露易絲的母親六十幾歲，個頭嬌小，手腳粗壯，身著燈芯絨材質的衣服，外面罩著一件褪色的藍色開襟衫。她沒什麼精神，定定地看著放在大腿處緊緊交握的雙手。我不知道她有沒有在聽，還是已經神遊到某個想像中的地方，就像傷痛的人會做的那樣。

　　露易絲把她想要說的話寫成信，第一封給她的父親，另一封給她的母親。幾天前，她已經排練唸信好幾次，試著預期可能出現的每種反應。我們還安排了另一位同事坐在候診室，以防萬一她的父親發怒，就像他在露易絲小時候經常發生的狀況。

　　露易絲看看我，彷彿在說「我要開始了」，我微笑著鼓勵她。接下來，她說出自己等了大半輩子要說的話，聲音清楚而有力。

　　「爸爸，我接下來要對你說的話，是為了我

自己，不是為了你。在我死前，我必須放下一個家裡的祕密，我必須告訴你，你對我做的事，讓我賠上了我的人生。」

露易絲停下來，低頭看看她的紙稿，經過幾次呼吸後繼續說：

「你對我身體虐待和性虐待，我恨你，我希望你因為你對我做的事死掉。得到癌症的人是我，我快要死了，這似乎不公平。得癌症的人應該是你。」

露易絲抬眼短暫地看了父親一眼，好像在確認自己還安全。她父親的目光仍舊盯著地板，她母親的身體左右微微搖晃，目光跟著身體擺動左右閃爍。

感覺這個現場好像已經等了好長一段時間，就為了把握這可能療癒的一刻出現，我希望四圍的牆面足夠安全。我屏住呼吸，把注意力都放在露易絲身上，試著藉由空氣向她傳遞我的支持，以祈念助她繼續，並且祈禱她的父親不會怒氣爆發。

露易絲繼續唸信，每唸過一句，就多一點信心。

「因為你，我人生的每一天，都在恐懼裡度
過。我想死，遠遠地離開你。我沒有自信，
也沒有朋友。你挑別我說的每一句話、我做
的每一件事，你連一次也沒有說過你以我為
榮。我今天在朋友圈建立的人生，和你沒有
任何關係。我自己做到了。我喜歡現在的自
己，但這是我花了好多年治療，對一個我從
來不知道的自己努力得來的。」

　露易絲在房裡的分量變重了，延展到四處的角
落。每說一個字，她就坐得更挺。露易絲的父親沒有
抬頭看，身體動也不動，靜默隱藏了他的反應。露易
絲的母親停止搖晃，我希望這表示她比較不害怕了。
我在想，現在真相被攤在陽光下，她是否反而因此如
釋重負？

　接下來的這封信，是寫給她母親的，露易絲邊哭
邊說。

「媽媽，妳怎麼可以這樣？妳怎麼可以讓他
對我做這種事？妳和他一樣該罵。」

露易絲輕蔑地看了她父親一眼。

「妳一定知道他在做什麼。如果妳不知道，那妳到底有什麼問題？」

她停止哭泣，她的聲音變得更大聲了。

「妳應該覺得丟臉。妳從來沒有當過我的媽媽。妳從來沒有抱我或親我，也不曾告訴我妳愛我。我為妳感到悲哀。我知道，妳曾經告訴我，妳小時候被虐待過，但那不是理由。妳應該有更多理由保護妳的孩子。」

露易絲在顫抖，我傾身向她，把我的右手堅定地放在她的前臂上。露易絲的母親現在好像已經遁入她想像的世界，臉上有一抹淡淡的微笑，目光在她的膝上與窗戶之間連續來回迅速跳轉，一次又一次。她可能完全不記得這件事了。在現實造成的心理痛苦太強烈時，解離是一種應對策略。

露易絲放下信紙說：「我唸完了」，然後看著我。她本來就蒼白的臉，現在變得更沒有血色，看來筋疲力盡。在會議前，露易絲告訴我，她想要唸完信

後就回家，不想參加對話。

接下來發生的事，讓我們都嚇了一跳。露易絲的父親抬起頭，看著她，用溫和、沙啞的聲音問：「我可以回應嗎？」露易絲點點頭表示同意，垂眼看著她的膝頭。我放在她手臂上的手加重了力道，要她安心，她可以聽聽看他要說什麼，必要時可以打斷他。

「我等了好多年要對妳說，露易絲，我想說，但是說不出口。或許是因為我不想接受自己做過的事。」

他停頓了一下，彷彿在等待繼續說下去的勇氣。我聽到露易絲的深呼吸，她心存希望。

「那些發生過的事，應該絕對不可以發生。我對我做過的事感到愧疚，比妳想的還要愧疚。這件事，我永遠都不會原諒自己，也不會期待得到原諒。」

露易絲抬起眼光，與她父親的目光相對。

「爸爸，我永遠都不會愛你，也不會原諒你的行為，但最終我或許能夠原諒你，」她說。「但不是現在，不過這是我人生中第一次覺得有可能。」

露易絲的重擔已然卸下，放在這對承襲的教養方式違背信任契約的男女腳邊。她希望她的勇氣或許有助於阻擋暴力的遺毒，還有一代傳給一代的自我貶低

感。露易絲完成了她想要做的：這個祕密不再埋藏於家裡或她的內心。她轉向我，點點頭示意我們離開。

༄ ༄ ༄

在露易絲與父親對質的幾個月後，她的癌症開始減緩，她的體重回來一些，對生活再度興致盎然。她的掃描結果顯示，她的癌症沒有惡化；事實上，它在縮小。她從緩和療程畢業了，這並非常有的事。我問她，她認為癌症消退的原因是什麼？她回答：「我真的不知道，或許是因為我排走了毒。」

在那次與父母會面後，露易絲又活了五年，那些年盡是美好歲月。她到北岸山脈健走，她不曾想過自己還能再度橫越那些山脈。她還請朋友把一些她之前以為自己快要死掉時送的東西還給她。

第四部

# 寄託於寬闊之心

「一顆敞開的心，裝得下一整個宇宙。」

── 喬安娜‧梅西（Joanna Macy），
美國作家、環保人士

很多人在臨終時，從靈修傳統的開示感受到支持的力量。沒有特定心靈信仰的人，有些也會找到方法，把自己的人生經歷，放進一個更宏觀的視野裡。視野的拓展，通常出現在意想不到的時刻，或是在夢境裡。把個人故事融入集體故事，不但是一種昇華，也有助於得到平靜。

我記得，我人生中有許多意識拓展的時刻，它們撫慰了我。在我父親過世前兩天的夜裡，我做了一個夢，夢到我和父親手臂挽著手臂，非常緩慢地走在一條蜿蜒的森林小徑上，經過好幾個之字形上坡彎路。我感覺自己是要帶他去某個地方，一個我知道我們要在那裡分離的地方。等到我們接近山頂，我聽見歌聲，我知道，我們快要到了。我們踏進一片空地，我看到我長期的導師朵蘿瑞絲‧克里格微笑著向我們走來。

「啊，」她說，「你們來了！」

她望著爸爸，點點頭，然後向我點點頭說：「謝謝妳。」

我給爸爸一個擁抱，我的導師拉著他的手臂，轉身離去。我知道，我已經把父親送到他接下來要去的地方，我的工作已經完成了。我醒來後，覺得可以理

解這個夢境：在父親臨終前，照顧他的工作已經差不多完成了。我夢到當我們分離時，他會安然無恙，而且有我導師的愛在守護著他，這多少能讓我安心放手。在他人生的最後兩天，我在內心深處感受到一股平靜。

無論是對大自然力量之美的驚嘆，或是明白生命本質原是過渡的兩人之間的溫柔時刻，還是記念我們所愛之人的儀式，這些都在提醒我們，我們都與這個創造與毀滅、開始與結束循環不息的世界相連。這些也能夠幫助我們體認到，我們在這個地球上的生存，就是一種極致的美。

很多癌症患者都曾經告訴我，他們在痛苦掙扎時期與大自然互動的經歷。一隻蜂鳥、一隻渡鴉，或是一群虎鯨，在他們恐懼時啟發了他們。清晨沾滿晶瑩露珠閃閃發光的大張蜘蛛網，撫平了焦慮，或是從新綠葉片間透進的陽光，映照在林間地上，掃除了他們的憂傷。

在大自然裡的偶遇，也曾經讓我愣怔，或是撼動了我，讓我跳脫心智或心靈的凝滯狀態。一頭生物、一隻鳥、天空的變幻，或是鑲著白色波浪的海洋，都

能把我從內在的混亂中拉出來，進入景象瞬息萬變的世界裡。在這些時刻，我的心情也因此轉換。

　　某次，我獨自一人走過森林，為一位密友的死去而哀悼。我抬頭看到一隻大鵰鴉，高高地立在一棵老黃松上。牠朝下看著我，對我慢慢地眨了眼睛，彷彿在說：我們共同面對一切。當然，我知道牠只是剛好眨眼，但是牠那如戰友情誼般的一眨，令我極為喜悅。有那麼片刻，我忘記了心碎。

　　在我參加一場長達十天的冥想活動期間，有一天下午，在加州沙漠的乾熱裡，有一隻巨大的陸龜朝我走來。當時，我剛聆聽完一段治癒地球的禱告，離開大廳，為我們人類在這個地球上造成多少驚恐而哭得傷心欲絕。我走過被太陽烤焦的土地，在哭泣間，喃喃自語道：「地球，對不起，我很抱歉。」

　　不知道從哪來的一隻古老陸龜，緩慢地朝我爬了過來，在離我大約兩呎處停了下來，直視著我的眼睛。在凝望了我一陣子之後，那隻陸龜轉身，慢慢走開。

　　在許多文化，烏龜都是地母的象徵。我認為，那隻沙漠裡的陸龜是在對我說：「地球還行，不要這麼擔心。」我從那些意外驚喜深深獲得安慰，那些時刻

能夠讓我用更開闊的觀點，看待我對地球的深切憂傷。

　　本書最後一部的七個故事將要描述，與一個更寬廣的觀點連結，如何能讓我們深入理解，我們與所有人彼此交織連結──無論親疏遠近，無論在世離世，也無論是曾經或將要與死亡打照面。我們都屬於全球的一員，如果我們打開心，寬闊到能夠體悟這個世界的廣袤，就可以從中汲取力量和安慰。

## 14　菲力浦：萬事萬物各得其所

菲力浦和我並肩踩著單車，騎進一大片籠罩著林路的灰色雨霧裡。針葉樹在我們頭頂上方聳立，路邊鮮綠的沙龍白珠樹在雨中閃耀。我們2013惠斯勒遠程單車賽（2013 Whistler Gran Fondo）訓練隊的其他騎士都已經在前頭，不見蹤影。菲力浦放慢了速度等我。

「珍妮，遇到潮濕地面，過彎時採用外傾姿勢比較安全，」他說。

我還不習慣我這部新公路單車的無胎紋窄版輪胎。

「以一個公路單車新手來說，妳表現得很好。」

我往旁瞥了他一眼，壯著膽子把視線離開路面一下，對他說：「以一個在做化療的人來說，你也還不賴！」

菲力浦和我是在一場青年支持團體集會上認識的，那時他剛結束第一輪癌症治療。他用柔和、快速的

愛爾蘭腔，講述癌症如何粉碎了他的人生的這場打擊。

「它剝奪你所相信的一切事情，一切你以為可以依賴的東西。」

圍成一圈的人們，此起彼落地點頭表示同意。十八個二、三十幾歲的人，坦白訴說著如何被診斷出癌症，又如何硬生生地斬斷才剛開始的生活。那晚，菲力浦和麗瑪是那群人唯二被認為無法治癒的四期癌症患者。麗瑪的乳癌已經擴散到肝和骨頭，正在接受緩和療護計畫。那天傍晚活動結束時，他們自然變得比較要好。

在第一個孩子出世前一個月，菲力浦得知他原發的鼻腔癌在三年的緩解期後，已經擴散到肺部。腫瘤科醫生告訴他，他只剩幾個月的生命。根據我的經驗，年輕的癌症患者通常會活得比醫生預期的還長，或許這是因為醫生判斷的依據，是他們對年長癌症患者的預後，他們對這個群體有較多的數據，因此統計較為準確。

在四月一個潮濕的週日早晨，化療兩個月的菲力浦在再次確診之後，第一次重新跨上單車。

菲力浦生長於香港，由雙親及祖母撫育。他母親

黃婉慧從11歲起就在塑膠花工廠工作，他父親李韶民是郵差，當他的父母在工作時，大半天都是由祖母照顧他。他們一家六口，擠在高樓的兩房公寓裡。當香港1990年代要回歸中國時，他們決定移民到都柏林。菲力浦那年12歲。

　　1999年，14歲的他開始參加單車賽，和教練巡迴全愛爾蘭，成為頂尖的青少年單車選手。他的單車競賽生涯在19歲畫上句點；他的教練告訴他，他成不了最頂尖的選手。一直到八年後，菲力浦才再度參賽。2012年，他參加了在法國阿爾卑斯山舉行的環法單站業餘挑戰賽，這是全球最大的業餘單車賽。那時的他，已經從第一次的癌症復元，並與他的愛爾蘭妻子艾瑪移民到加拿大。

　　他提議成立一支隊伍，參加2013年9月7日的惠斯勒遠程單車賽，為卡拉尼什協會募款，而提議的當下，我猶豫了。十八年來，我們的慈善機構一直避免舉辦體能不夠健壯的人無法參與的社區活動。我找了幾個晚期癌症的成員做了一次小型民調：如果我們成立卡拉尼什單車隊，參加一場運動賽事募款，但這項活動本質上排除了大部分生病的人參加，這樣他們覺

得如何？

　　他們一致給了正面的答覆：

　　「如果你是身體健康的幸運兒，就要善用它做好事。」

　　「就當是慶祝你的健康。我希望我健康時曾經那麼做，那時我把健康視為理所當然。」

　　「為我們所有人而騎。我們會一路追隨你。」

　　我們卡拉尼什車隊，得到所有人的背書。

　　我們成立了動員委員會，幫助車隊達到募款目標，支持單車選手沿著「海天公路」122公里長、爬升高度1,900公尺的競賽路線，從溫哥華一路騎到惠斯勒。

　　菲力浦建議我也加入單車賽時，我立即的反應是：「你在和我開玩笑嗎？我太老了。我沒有公路單車，也沒有競爭力，那些山坡我根本想都不敢想。」一連串的藉口，從我的嘴巴跳出來。

　　那天晚上，我再想了想菲力浦的提議。

**什麼能夠讓我離開舒適圈？我什麼時候才要挑戰不可能的事？我能夠做得到嗎？**

　　將近三十年來，我傾聽癌友對我訴說各種挑戰，看著他們為自己設立一個個看似無法實現的目標。我

看著許多人鼓起勇氣面對恐懼，不讓恐懼剝奪他們的意志。

第二天早上我睜開眼睛時，第一個想法就是：

**我必須試試看。如果菲力浦和麗瑪接受癌末化療時還在騎單車，我也必須這麼做。最糟的情況是我沒有完賽，或是我受傷；一個傷害我的自尊心，另一個則是傷害我的身體。**

我拿起電話。「菲力浦，好，我要嘗試和車隊參加惠斯勒賽。你和麗瑪鼓舞了我，讓我想要盡力爭取最佳表現，但是我真的很害怕。」

「我要為妳歡呼！妳不用害怕。妳要做的，就是在接下來五個月內不斷訓練，然後就可以完賽，只要這樣就好，」菲力浦說。

「只要這樣就好，」在接下來進行訓練的幾個月裡，我反覆唸了這句話好幾次。

我發電子郵件給我們社群，徵求有興趣加入車隊的人，希望能夠招到三十人，但究竟會不會有人自告奮勇？我心裡其實沒底兒。幾週內，我們終於成立了三十人的車隊——癌症倖存者或正在與癌症奮戰的病

友；癌症倖存者或死於癌症者的家人；卡拉尼什的工作人員或支持者。我們大部分都是公路單車賽的新手。

☆ ☆ ☆

從三月到九月，每週兩次，無論晴雨，卡拉尼什車隊都會出隊，在卑詩省的公路上鍛鍊肌力與耐力，而且通常都有菲力浦教練的陪伴。

「珍妮，試著提高妳的迴轉數，」我們騎上通往獅門大橋頂的引道時，菲力浦對我說。

「什麼是迴轉數？」

「就是踏板的轉圈數。調到低速檔，增加每分鐘的踩踏圈數。」

這是一條緩慢而陡峭的學習曲線。

春季期間，菲力浦的癌症對化療反應良好，肺部腫瘤縮小，但是他的元氣也衰退了。他在騎乘訓練時很容易疲倦，通常會提早回程。

「你們所有人都已經做得很好了，這種進步真是讓人不敢相信。希望下週再見到你們！」他連人帶車在路上迴轉時，回頭對著我們大喊。他在安全帽底下的頭髮，已經變得稀疏。

　　我的力氣和信心，隨著一週週的訓練而增長。我開始愛上騎單車，不再覺得它在宰制我，可能會讓我冷不防地和來車撞個正著，甚至翻進海裡，而是開始掌握一切。在從西溫哥華穿越史坦利公園的回程路段上，我的車速達到每小時60公里。

　　我從來不是個愛逛商店的人，但是我新養成了一種奇怪的購物習慣。我會站在電解質錠的貨架前，想著我的水壺裡要放哪種口味的會最美味？讓我考慮再三的是要買哪一種口味的能量棒：薄荷巧克力、無花果椰棗，還是燕麥葡萄乾？我會踩著卡鞋，漫步穿梭在登山用品店的貨架之間，瀏覽那些緊身車褲和車衣，想著哪一種可以遮蓋我的中年贅肉？

ಶ ಶ ಶ

　　大賽前一天，我的電話響起。

　　「嗨，珍妮，我是菲力浦。妳準備好了嗎？」他問道，聲音悶悶的。

　　我說：「我現在能做的也不多了，不是嗎？菲力浦。只要努力讓自己樂在其中就好。有什麼事嗎？」

　　「呃，我剛剛從癌症診所出來，不是好消息。」

我的胸口一緊。「告訴我，發生什麼事了？」

　　「癌又變大了。腫瘤科醫師說我必須換一種化療，不然我沒辦法活著看到芬恩長大，」菲力浦說。「她相當殘酷。」

　　癌細胞在菲力浦做化療時還變大，表示它相當凶猛。

　　我做了個深呼吸，讓自己翻騰的心緒平靜下來。腫瘤科醫師有時不知道怎麼在一個看起來沒有希望的情況裡找到希望。

　　「我不知道這個週末還要不要參加。我很害怕，不想拖垮團隊，」菲力浦說，聲音在發抖。「這表示我已經回天乏術了嗎？」

　　這會讓團隊深受打擊。我抓緊時間，先把消息壓在心裡。「菲力浦，你的腫瘤科醫師有沒有說你能不能騎車？」

　　「她說騎不騎車都沒差。」

　　我張開口，卻不知道要說什麼。我想對人生的殘酷尖叫，對這個野蠻的疾病狠狠發一頓脾氣，就像我有時獨自一人時會有的反應。但是，我學會信任我和一個人花幾個月或多年建立起來的關係，希望那些帶著希望的話語會自動浮現。

「你原本可能要到週一，才會得知這個消息，也就是兩天後，而不是今天。如果是那樣，你就會參加車賽，和大伙兒度過一個美好的週末，完全不知道癌細胞增生的事，」我說。「和你的家人一起好好享受這個週末吧！如果你待在家，你會情緒低落。出來和愛你的人、還有仰賴你的人在一起。即使癌症占據了你身體的一部分，也不要讓它奪走你的心靈。」

菲力浦嘆了一口氣。我希望我已經確實讓他明白，無論他感覺如何，我們都歡迎他來。

「好吧，珍妮。我會和艾瑪談談，然後讓妳知道我們的決定。」他掛上電話。

那天傍晚，菲力浦留了一通語音留言。

「我們在車上。祝好運！我們終點線見。」

∽ ∽ ∽

那個九月週六早上六點鐘，在西喬治亞街半明半暗的晨光裡，卡拉尼什車隊的二十八名隊友，加入超過四千名單車騎士的陣容。天空下著微雨，我們在人群中一眼就找到隊友 —— 天藍色的隊服，各人的袖子上都有一個凸印的名字，那是我們要將這場賽事貢獻

的對象。空氣中洋溢著興奮的氛圍，四個月的訓練是否有成，就要見真章。

　　菲力浦和麗瑪參加的是從斯闊米許出發的中程賽，雖然路程只有長程賽的一半，但是爬升高度是溫哥華到斯潤米許路段的兩倍。那些又長、又陡的上坡，對他們受損的肺來說，是相當嚴峻的挑戰。

　　菲力浦的聲音，在我腦海響起：

在出門前一個小時吃早餐。複合式碳水化合物可以在妳的體內撐比較久。把能量棒和軟糖放在妳的車衣口袋，以迅速補充糖分。裝滿兩瓶水，一瓶加電解質，另一瓶是白開水。在大部分的休息站都要加水，讓身體保持足夠的水分。

　　西喬治亞街像是一條輸送帶，騎士們一開始都緩慢前行，然後提高速度；幾百名選手在往史坦利公園公路的路上繞了個彎。前方一部救護車的閃燈在警示著什麼事情，消息在人群中很快傳了開來。

　　「路很滑，」大家彼此提醒。「有人摔車了。」

　　卡拉尼什車隊在東方地平線破曉時跨過獅門大

橋。海洋在我們腳下遠處，北岸山脈在上升的雲雨下方慢慢露臉。

我們全體加速、右轉，向泰勒路挺進 —— 這道長坡從第一天就把我給嚇到了。讓我意外的是，道路兩旁排排站滿了人。孩子們搖著牛鈴和能夠發出聲音的道具，長者裹著羽絨外套在傘下大喊：「你一定行的！加油！」

我相信他們說得沒錯，向他們揮手致謝。

我繼續加速，繞過馬蹄灣（Horseshoe Bay）村落上方高處的彎道，第一次看到豪灣（Howe Sound）。我想到那幾百個捐款支持我們車隊的人，我想到已經在惠斯勒附近的布魯溪中心為賽後準備大餐的志工們。我也想到在終點線歡迎我們的家人和朋友。我想起我們為他們而騎的那些人：那些因為癌症過世的人，那些罹癌後存活下來的人，還有他們身旁背負著癌症所帶來的重擔的所有家人。我眼光往下，看了一眼在我袖子上的名字 —— 比利・布朗。我們家四個小孩在父親60歲生日時，買了一部紅色登山車給他，我想他應該會為我感到驕傲。我想到在這條路前方那頭的麗瑪和菲力浦，我希望他們一切順利。我的心裡滿

溢著的感受，完全出乎我的意料之外；沒有恐懼和懷疑，只有愛和感謝。

我們補給充足，所以跳過第一個休息站，後來在布列塔尼亞海灘標示51公里處的第二個休息站才進站。雨已經停了，海洋映照著大塊金屬灰色積雲的倒影。斯闊米許是個明亮而歡樂的小鎮，當地居民成群結隊，在公路旁列隊揮手。幾個孩子跳上跳下，頭頂上方有個手工繪製的牌子，寫著「香脆的培根在這裡！」他們用手拿著培根片，往車道伸出，讓靠近的單車騎士經過時拿了就走。

往愛麗絲湖休息站的上坡讓人望而生畏：8公里，梯度是8。當我的心志正在動搖時，右邊有個街頭樂隊吸引了我的目光。身上全副墨西哥裝行頭的三個人，並肩站在草地邊，兩個刷吉他，一個拉小提琴。〈蟑螂歌〉（"La Cucaracha"）的旋律，助我們攻上坡道，抵達73公里處的第三號休息站。

接下來的兩個休息站，我們吃了新鮮的柳橙片，裝了水。然後，我們來到電線坡（Powerline Hill），這是抵達惠斯勒之前的最後一個大坡道。

在惠斯勒溪畔，我們停下來等我們八人小隊的其

他人，在這前進惠斯勒村的最後五公里同行。緊夾在車前叉的計時晶片，已經不再重要了。我們會在比七個小時多一點的時間內完賽，那已經很好了。我們小隊有兩個人，已經減慢到蝸速，可能是因為低血糖症，還有兩個腿部嚴重抽筋。我們全都又累又餓，但是精神昂揚。

轉過最後一個彎道，我們看到立在出口匝道色彩繽紛的廣告，遠程賽的橫幅標誌高懸在終點線上方。我們騎下最後一個坡道，路左側有一排天藍色車衣的身影映入眼簾，然後我們聽到火力全開的卡拉尼什隊呼。當我們一行九人通過終點線時，許多隊友響起陣陣歡呼，包括麗瑪和菲力浦。

菲力浦教練一臉燦笑，給了我一個擁抱。

「珍妮，妳做到了！做得好！」

「你怎麼樣？」我問。

「我簡直不敢相信，我在男子中程賽排名第七。這是一次不可思議的賽程，我會用一杯啤酒的時間，把故事從頭到尾告訴妳。」

❧ ❧ ❧

七週後，有一場為菲力浦舉行的歡送茶會。他將要返回都柏林住，那裡離家人比較近。茶會上，他和我講了他的中程賽之旅。

　　斯闊米許族的一位長老，用一首歌為單車賽開場，歌頌勇氣，祈祝平安。在兩百名選手當中，麗瑪和菲力浦一起出發，記念他們的癌後人生和友誼。在兩公里處，麗瑪說：「菲力浦，你現在就勇往直前，你一定要超越你那該死的癌症！」

　　麗瑪說，看著菲力浦加速上坡，就像看著一隻蒼鷺從岸邊起飛，展翅翱翔。

　　「他在單車上的身影是如此地美。」

　　那天在賽道上，菲力浦遇到一件很特別的事。即使他前一天接到了壞消息，他騎車時心裡沒有怨恨或憤怒，只感受到愛。

　　「我騎車是為了克服癌症的傷，不只是身體的，還有心裡的，」他說。「我必須承認，即使癌症把我拖離我所愛的生活，它也給了我一個不一樣的人生，一個我必須試著和平共處的人生。」

　　西岸之美讓他心裡充滿讚嘆，他覺得與路上的其他隊友聲氣相投。

「聽起來或許奇怪，但是有一隻渡鴉，直盯著我的雙眼。萬事萬物各得其所的感受，穿透了我的內心。它讓我確信，不管發生什麼事，一切都會很好。在我的人生中，我第一次感受到平靜，」他說。「而那種感覺一直到今天都還在。我覺得，我重新與我的靈魂接通。」

ହ ହ ହ

單車賽後幾個月，菲力浦、艾瑪和他們的兒子芬恩搬回都柏林，度過可能是他人生中的最後一年。他有好幾個月都在愛爾蘭路騎，一直到癌症最後銷蝕了他騎車所需的力氣。

我們每幾週就用 Skype 聯絡，我們最後一次通話時，他已經住進他家附近的安寧病房。那一天，他告訴我，在找到與自己靈魂之間的新連結幾個月後，他掉進了黑暗。他感到焦慮，害怕死去，也擔心艾瑪和芬恩，以及他的父母沒有他要怎麼辦？雖然他在有力氣時，每天都會在安寧病房的花園裡練喜愛的氣功，卻失去了對生命的宏觀視野。

雖然已經事隔一年多，我還是提議我們一起回想

參加惠斯勒單車賽那天的種種細節。我們追憶並講述幾個月訓練的經歷，然後講到車賽前一天，菲力浦接到那通關於癌症的電話。我要他回想決定出發前往惠斯勒、而不是待在家裡的感覺，也就是不讓癌症主導他的那一刻。

他追述著他做決定時的細節，以及他的個人賽程、與渡鴉相遇的故事。我注意到菲力浦的聲音變得振奮，臉上的表情變得更明亮，透過講故事，他重新與團隊、他的意志力和他的靈魂接通。

那次對話過後幾天，菲力浦在平靜中離世。卡拉尼什車隊把菲力浦教練的照片，貼在我們的車把上一起出隊。當我們上攻那些陡坡時，他的聲音仍在耳邊指導我們，為我們下一次的盛大募款賽做準備。

## 15 羅納多與馬可：培養無量之心

羅納多和馬可在二十出頭於安大略相遇，當馬可的家人因為他是同性戀而回避他時，他們搬到卑詩省，在那裡結婚，選擇冠上共同的姓氏，買了他們的第一間房子。我認識他們時，他們已經在一起三十八年了。

馬可走出駕駛座，踩在避靜會中心鋪著碎礫的停車場。他的黑色捲髮，襯著他粗獷的義大利臉孔。

「我們到了！我是專程送他來的私人司機！」他迅速擁抱了我一下，然後繞到凱迪拉克的另一側，打開乘客座的車門。馬可的溫暖，感染了我們之間的空氣。我覺得，我好像已經認識他一輩子那麼久。

「親愛的，我們到了，」他對羅納多說。

一隻蒼白、指頭修長的手伸出車門，抓住馬可的衣袖。羅納多圓滾的光頭慢慢出現，他雙腳著地，確

認站穩後，抬起頭望著我。他開懷咧嘴而笑，幾顆大大的淚珠滾落臉頰，流進他下巴的灰色鬍渣間。

「真不敢相信我能來到這裡，」他說著，那乾瘦的身形傾身給了我一個擁抱。

ℒ ℒ ℒ

第二天早上的第一堂團體課，我們把焦點放在這一週避靜會的主題：在生命的終點找到意義。我分享我在一場冥想避靜會從曹洞宗禪師諾曼・費雪學到的道理。他談到，當我們抵達生命的終點，身體功能不再健全時，由心所散發的特質，還是有可能為我們所用。他描述的不是心臟在生命盡頭時的狀態，而是那些我們通常認為與內在表達有關的情感。佛教所說的「四無量心」，描述的是深化心靈品質的各種沉思練習，例如仁慈、悲憫、感恩的喜樂與回歸平靜。

羅納多聽到這個道理時驚嘆道：「就是那個。我在人生這個階段的目標，就是訓練心性。馬可一定會喜歡！」

他在扶手椅裡傾身向前，眼睛因為好奇而發亮。

「根據佛理，心有四項重要特質，」我說。「無

論身體病得多重，我們都能選擇對自己、對他人更寬厚。四無量一是梵文的『Mettā』，意思是『慈』。」

羅納多頻頻點頭。

「二，我們可以培養我們的悲無量心，梵文是『Karunā』，意思是看到別人受苦時油然而生的憐憫。三是喜無量心，也就是『Mudita』，有時在重大磨難之中，也會意外自動浮現。最後，我們可以培養捨無量心，或稱『Upekkhā』，就是接受事物，無論喜不喜歡我們生活的處境，」我說。

羅納多在避靜會期間學到的四無量心冥想練習，幫助他對化療做了一項重大決定。化療讓他在過去三個月愈來愈虛弱、疲倦，雖然他在治療中，癌細胞卻在增加。進行慈無量心的修練時，他在練習對自己寬厚仁慈時體認到，繼續對他衰弱的身體做化療，是不仁慈的。他發現，他之所以繼續治療，背後的動力其實是他的恐懼。

在最後一次的傍晚團體課時，羅納多談到自己的決定。「我知道，當我停止化療，我就必須直接面對死亡。我不能躲在化療能讓我重回緩解期的微渺機會後面，」他說。「我感覺，停止化療是善待我可憐的

身體，也是善待馬可，讓他可以鬆一口氣，不必再經常開車送我往返癌症診所。」

羅納多宣布，他從現在開始的每一天，都要仁慈地活著，無論還剩下多少天。

「馬可和我在一起三十八年了。我走後，他要靠著這份愛繼續活下去，所以從現在開始到我最後一次呼吸的那一天，我要在我們之間、我們周遭，盡可能累積最多的愛。」

☙ ☙ ☙

在避靜會過後幾個月，來溫哥華到我們中心做諮詢、參加支援團體，對羅納多變得愈來愈困難，所以梅麗里茲和我打算到羅納多和馬可的家去拜訪他們，大約是40分鐘的車程。

家訪是我們計畫的必要部分，病重到無法出門到我們這裡的人，如果想要的話，還是可以繼續得到我們團隊的支持。在幾個月、有時是幾年期間，我們和委託人之間無可避免會培養一種親近的關係。我們必須不斷地練習保持開放和慈愛，同時要有心理準備 —— 那些和我們非常親近的人，有一天終會離開。

五月一個冷冽的週日，下午一點鐘，我們來到羅納多和馬可的家。我們在他們房子外面停車時，他倆站在前門階梯歡迎著我們。他們的房子位於一條無尾巷的彎處。一推開鑲嵌玻璃門，右手牆面掛著一個褪色的民俗工藝招牌，上面寫著義大利文的「歡迎」。

　　羅納多穿的灰色針織開襟衫，比他的身材至少大上兩個尺碼，腰間皮帶繫緊了褲頭。馬可扶著羅納多，彷彿要用他寬厚的胸膛包住羅納多一樣，一隻手臂緊緊環抱著他丈夫削瘦的身骨。兩人的眼眶周圍散布著慈心所刻畫的笑紋，他們擁抱我們，歡迎我們的到來。

　　我們穿過起居室，來到廚房。我注意到，餐桌上擺著韋奇伍德餐具、銀製刀叉、水晶高腳杯，還有白色餐巾。桌子中央，放著一個暗沉的銀器花瓶，瓶裡的黃色鬱金香低垂。我猜想，馬可和羅納多正在為稍後的餐宴布置，我很高興羅納多覺得他有招待客人的氣力。

　　馬可遞給我們兩人一小杯雪莉酒。「妳們可不能拒絕，好嗎？」他笑了。「敬妳們，乾杯。」我們舉起杯子，彼此碰杯。

我們參觀了他們家的每個角落，屋子裡滿是大型彩色油畫、旅行紀念品，還有他倆相伴歲月裡各個時候的照片。羅納多問道：「我們想，妳們應該會接受我們邀請妳們一起共進週日午餐吧？」

　　梅麗里茲和我彼此看了一眼，點點頭，解除那天接下來所有的行程。馬可緊緊握了握我的手臂。

　　「現在，輪到我們來侍候妳們了。」

　　他進了有著明亮白色櫥櫃、同樣明亮白色油氈地板的廚房，對我們高喊：「妳們先聊聊。羅納多，你有很多故事可以和她們講。」

　　馬可在廚房裡忙著的時候，羅納多告訴我們關於他們共同的生活。「那個年頭，同性戀出櫃不是容易的事，不像現在這樣。但是，我們就是無法躲在櫃裡。當我們告訴大家我們戀愛了，除了馬可的家人之外，大部分的老朋友都不覺得意外，」他說。「他們都為我們開心。」對話在我們之間自在地來回流轉。

　　「午餐好了，」馬可從餐廳喊道。

　　我以為，在盤子上堆得高高的傳統肉醬千層麵是主菜，原來它只是開胃菜。羅納多取了義大利Valpolicella紅酒，倒進水晶杯，舉起他的杯子祝酒：

「這杯敬獻給愛。」

接下來，是一盤冒著熱氣的燉牛肉、焦香的洋蔥和馬鈴薯泥，然後是清脆爽口的蘿蔓沙拉佐小番茄，上面還加了酪梨片。甜點是抹了鮮奶油的巧克力乳酪蛋糕，搭配義式濃縮咖啡和火焰茴香酒。

我說：「我覺得自己好像王室貴族。」

「這是我們回報的時候！」在廚房的馬可大聲說道。他不讓我們幫忙上菜，也不讓我們收拾盤子。他坐下來和我們一起吃飯時，講述他的故事，關於他對義大利藝術、音樂，當然還有對羅納多的愛。

馬可講到他的家人反對他的同性戀性向時，忍不住啜泣，不時用著已經皺巴巴的餐巾紙擦眼淚。羅納多伸出手，經過低垂的黃色鬱金香，到桌子的那一頭，握住了他的手。

馬可繼續說：「出生在第一代義大利天主教家庭很辛苦。兩個男人住在一起是罪惡，雖然我告訴他們：『這不是選擇，我天生就是這樣。請理解這份愛和你們彼此之間的感覺，是一模一樣的。』但是在那之後，他們就不和我講話了，對我說他們不再認我這個兒子。」他握著羅納多的手握得更緊了。「那就是

為什麼我們選擇的家人，是我們兩人的全世界，就像
妳們兩個和妳們的團隊一樣。」

　　我們彷彿置身托斯卡尼，坐在橄欖樹下覆著白色
桌布的餐桌旁。陽光從樹葉間灑落成一片斑駁，我們
眼前有一瓶喝到一半的當地佳釀和一盤義大利麵，還
有冒著熱氣的新鮮焗烤千層茄子，我們暢談著關於愛
與失落、友誼與家人的永恆話題。

　　大約四點鐘，羅納多告訴我們，他必須休息了。
餐廳旁的書房，已經擺進一張雙人床。羅納多已經爬
不動通往主臥的樓梯。

　　「進來吧，」羅納多在書房裡喊道。「我不是害羞
的人。」

　　我們進入那個小小的書房時，馬可正輕柔地把灰
色開襟衫從羅納多瘦瘦的肩頭脫下來，裡面的淡藍
色愛迪達T恤曾經仔細熨燙過。床幾乎占據了整個書
房，床的兩邊只剩下要擠一擠才能通過的空間。窗口
下擺著古董五斗櫃，上面陳列著許多照片，四牆都掛
滿馬可的藝術作品。

　　馬可望著我們說：「我無法忍受一個人待在沒有
他的大床，所以我也睡在這裡」，他邊說邊把白色棉

被拉到羅納多的肩膀蓋好。「等他走了，我會覺得非常寂寞。」頓時，寂寞似乎進駐房裡，廣闊到讓人無處可躲，這是馬可餘生不歡迎的夥伴。

不是每個人都能像馬可這樣，放膽把未來帶進現在，承認自己就要面臨失落。這兩人之間的開放讓我看到，他們為了彼此，是多麼心甘情願而安然自在地感受那些無可避免會隨著這種宣告而來的情緒。

梅麗里茲傾身對羅納多說：「你休息時，我可以演奏音樂嗎？我帶了你最喜歡的陶笛。如果你走運的話，珍妮或許還會幫你按摩腳。」

羅納多點點頭說：「這是我在避靜會最喜歡的部分之一，腳部按摩舒緩課程。」

梅麗里茲拿起一只三管陶笛，大小和形狀都像一顆解剖的心臟。她開始輕輕吹奏，她吹的氣在陶笛內共鳴，音調隨著指孔一開一閉轉變，發出帶著層層泛音的溫柔管樂聲。

「馬可，這聲音很神奇，不是嗎？梅麗里茲，如果我沒記錯的話，陶笛是南美洲一種古老陶製樂器的現代版，對嗎？」羅納多閉著眼睛說。「馬可，親愛的，你可以躺在我身邊嗎？」他拍拍旁邊的床。

馬可輕輕鑽進被窩，在羅納多旁邊躺下。

　　我輕輕走到床尾，掀開被子，露出羅納多穿著襪子的雙腳。我把手放在他的腳底板，握了一會兒才開始按摩，一次一隻腳。梅麗里茲站在羅納多的床頭，舉起陶笛，靠近她的脣邊。

　　管樂聲似乎把我們包覆在一個安全空間裡，不受時間流逝的影響。我的掌心從羅納多的腳踝，往下移動到他的腳尖。羅納多的呼吸慢了下來，進入一個穩定的節奏，呼氣與吸氣的長度相等，來來回回，彷彿配合著聲波。他的眼皮抽動了一下，進入了夢鄉。

　　我看看馬可，他的頭枕在他曲起的右手肘彎處，另一隻手臂停歇在羅納多的胸膛。馬可蒼白憔悴的臉龐，透露了照料的辛勞，當陶笛的氣音一陣陣在我們所有人身邊繚繞之際，一個有愛的人生就在他們的相擁裡停留。

# 16 海瑟：跳進太平洋

为了長達一週的癌症避靜會之行，海瑟租了一部黃色的福斯金龜車。這一直是她渴望的夢幻車款，但是她從來不曾買給自己。在她第二次確診之後，就更找不到理由給自己買一部新車了，她認為這是在浪費錢。她先搭五個小時的飛機從多倫多到溫哥華，再坐一個半小時的渡輪到溫哥華島，然後開三個小時的車，翻山越嶺來到托菲諾（Tofino）這個太平洋海岸上的衝浪小鎮。海瑟的腫瘤科醫生告訴她，她的生命沒剩多少時間，海瑟希望這場避靜會能夠幫助她找到平靜。自己就是醫生的她明白，大範圍擴散的乳癌續發轉移癌，預後有多嚴峻。

海瑟在木屋的前門下車，她因多個月化療而變得稀疏的金髮，小心地塞在耳後。她疲倦的灰色眼睛，訴說著她漫長的旅程：冒著一月中特別冷的寒雨天氣

路駕旅行，以及過去兩年的煎熬。

「海灘，以及我的海洋在哪裡？」她問道。

海瑟一直想要造訪西部海岸，但由於她的醫療工作繁忙，還有她兩個孩子在高中參加競賽運動，就連安排家庭旅遊都抽不出什麼時間，更不用說獨自一人的朝聖之旅了。我指了指兩旁長著烏毛蕨的狹窄路口，沿著蜿蜒陡峭的小徑走下坡，盡頭就是一處沙灘。

「我可以聽到海的聲音，」海瑟說的是海浪拍打下方海灘時一陣陣低沉的聲音。冬天的浪很高。

「或許最好還是等到明天早上再去，」我建議。「在黑暗裡找回程的路，可能會很辛苦，即使有手電筒也是一樣。」我擔心海瑟受損的肺，是否受得了爬坡。「先進來見見大家，晚餐快好了。」

我推開沉重的木門，走進休息室，烤雞的香味迎面撲鼻而來。休息室有通頂落地的燒柴壁爐、厚實的沙發，三面牆都有能俯瞰海洋的景觀窗。

第二天早上用過早餐後，我瞥眼望向窗外，發現有四個人在遠處下方的海灘上。我還在想，不知道是不是附近旅館的房客？但是，再仔細一看，我認出那是海瑟，還有瑪麗亞，然後是蘇珊和貝蒂。雖然歷經

多日漫長的旅途跋涉，這四名女子前一晚全都熬夜，像老朋友般促膝長談。她們有很多共同點，包括晚期癌症。

其中兩人身穿泳衣，一個穿著緊身褲和運動上衣，第四個看起來是全套衣裝，只是光著腳。慢慢地，我恍然大悟，在這樣的一月天，那四個42到55歲的癌末女子，就要跳進白浪滔滔的太平洋裡。她們這支小小的隊伍，手牽著手，越過潮濕的沙地，朝著鐵灰色的海水慢慢跑去。

我迅速召集了幾位工作人員，包括我們避靜會的醫師黛芙妮。我們隨手抱了一疊毛巾，衝下小徑，抵達沙灘。遠遠地，我們看到四顆小小的人頭，在滾滾波浪間若隱若現。等到我們更接近水邊，看到了在海面浮沉的笑臉，聽到壓過海浪聲的尖叫。幾分鐘後，四個女子一個接著一個踩到腳下的沙地，搖搖晃晃地站了起來，拖著發抖的身體穿浪涉水，慢慢回到岸上。

「如果可以克服對那片冰冷狂野海洋的恐懼，就能夠面對任何事情，」海瑟說著，回頭望向海面。「我一直到現在才知道。不過，我旅行了將近五千公里，來做這件事。」

她笑著，把冰冷的手掌貼上我的臉頰。

「不下水嗎？」她問。

「妳這輩子都別想看到我這麼做，」我說著，猛然意識到自己的失言。

看到四名知道自己很快就要離世的女子浸入廣闊的冬日海水裡，這一幕讓我有了不可思議的改變。自從1998年的那一天起，當我體悟到自己的健康隨時可能起變化時，我會想起那些女子，也愈來愈能欣然接受希奇古怪的提議，鼓起勇氣克服恐懼，給我自己驚喜。有那麼短暫片刻，我會想，在躍進海水的那一天，那些女子或許會在冰冷的海水中死去。但我也會想到，在海水裡開心放縱的那幾分鐘，或許值得冒一下跌入生命盡頭的險。

海瑟在避靜會過後十週離開人世，我一直都在想，她那天全心全意把自己託付給那片海洋，是否有助於讓她在人生最後兩個月鼓起勇氣放手，把自己交託給我們稱為「死亡」的那片廣闊未知。

## 17 比爾：十三週

帶著椰子香味的金黃色荊豆長在兩側的步道上，我們逆風而行。他身穿那件舊的黑色短風衣，頭戴著粗花呢帽，腳上的威靈頓靴沾著花園的泥土。就像我回家大部分時候的樣子，爸爸和我都會健行五哩，登上蘇格蘭西南角的珊蒂丘地（Sandyhills）懸崖，在堡壘點停留幾分鐘，喘口氣，然後順著刻在石碑上的箭頭，眺望一片鐵灰色的海洋，海洋的那一頭，是我過去十二年以它為家的加拿大。每個人都說，我和爸爸是「同一個模子刻出來的」。我們的關係不必靠語言溝通，不必等對方開口就知道對方的感受。1996年，在他剛過67歲生日的那一天，也是一樣。

那次健行後三個月，爸爸被診斷出腦瘤第四期。他知道消息的第二天，打電話要我回家。或許他覺得我知道該怎麼辦，因為我那時已經當了十五年的腫瘤

科護理師。然而，對我來說，我的職涯就在那通電話裡崩解。那個時候，我是一個女兒，不是一名護理師。在父親瀕臨大限之時，我卻在忙其他癌症病人的事，這一點意義也沒有。於是，我遞出辭呈，規劃一趟蘇格蘭之旅。接下來我父親生病的十三週，我大部分的時間都在那裡。

　　突然的失憶，讓他諮詢了家庭醫師，掃描結果出現了一大塊沒辦法動手術的腦瘤。他的腫瘤科醫師說，多形性膠質母細胞瘤的治療只是徒勞，而副作用會剝奪他那時僅存的尊嚴。不做手術、不做化療或放療，就是等死，但也是尊嚴臨終的希望。

　　「我有腦瘤，在大腦中央深處？對不對？」在我抵達的第一天傍晚，他在晚餐時間問我。

　　「沒錯，爸爸。是第四期腦瘤，名稱是多形性膠質母細胞瘤。」

　　「我的大腦深處有一顆腦瘤，對不對？我會死嗎？」他因為喪失短期記憶，很難記住資訊。

　　「是的，爸爸，這顆瘤會致命。我很抱歉。腫瘤科醫師在你第一次看診時告訴過你，你可能只有三到四個月的時間，」我的聲音在顫抖。

「我得了那個什麼？有顆腫瘤在我的大腦深處？是惡性的嗎？」他又問了一次。

我那位聰明、受過良好教育的父親，曾經榮獲菲力浦親王封予爵士名銜，褒揚他在藝術上的成就，現在卻連一件事都記不住。

起初，我回答時的態度溫柔而小心。我沒辦法像我聽過的許多人那樣假裝，在回答裡加進虛假的希望。他問了又問，想要抓住那個不斷在他腦海裡溶化消失的悲劇。他反反覆覆問著同樣的問題，隨著我的耐心一點一滴消失，我的態度也逐漸轉為不耐煩。

「爸，你得了癌症，三到四個月後就會死。」我的聲音短促，幾乎帶著敵意。

應該是真相「砰」地敲中了他大腦裡某個仍有功能的部分，因為他回答道：「我快要死了？好吧。那我謝絕喝修士的尿，得癌症的人都會這麼做，不是嗎？他們走遍全世界找療方，我不是那種人。我這一生過得還不錯，我會好好地離開這個世界。這件事，你媽會比較難過。」他看著我，我在他眼裡看到離去的哀傷。

在接下來的十三週，他只在醫院待過一個晚上，那

次是我們讓他住進神經外科病房做腦部切片，好確認大腦裡掃描到的是什麼。診斷不是只根據科技，這讓我感到釋懷；活體切片能讓我們用肉眼看到癌的存在。

護理師帶我們去他的病床，那是一間19世紀南丁格爾式的病房，他躺在十張沿著其中一面牆一字排開的病床其中一張，對邊的牆面也排著十張病床。小小的護理站位於油氈地板特別光亮的中間地帶 —— 根據我的經驗，護理師們會在週末，用電動拋光機把地板打磨得晶晶亮亮。每天清晨破曉前，有一群十到十二名醫生會站在每一張床邊，大聲討論每個病人的病歷。我知道到了第二天早上，在爸爸被推去手術室之前，會有其他許多病人已經知曉爸爸的大腦狀況。這給人一種奇特的安慰。我希望當他在手術刀下時，他們會為他祝福。

媽媽把薄薄的橘色床簾拉上，想為我們三人創造一個私密空間。我可以聽到其他病人訪客交談的模糊低語聲，如果有人能聽得到，他們會了解我們的痛。

穿著醫院淡藍色睡衣的爸爸，看起來變得更老、更瘦小了些。睡衣前襟中間缺了一顆鈕扣。他坐在床上，硬挺的白色床包罩著包了塑膠套的床墊，他每動

一下，床包就皺一下。他穿著襪子，因為赤腳放在冷冷的床上，或許會讓人感覺到脆弱。

　　大約一個小時後，媽媽和我匆匆向他道別，為我們把他丟在那裡感到內疚。

　　「親愛的，明天見，」她輕聲說道，輕輕地在爸爸脣上吻了一下。

♫ ♫ ♫

　　失去神智不全然是壞事，爸爸失去了他的未來和他的過去，而死神在未來。他的憂慮都被拋諸腦後，整個人變得更柔和、更安樂。沒有了記憶，他也丟掉了他人生定義所繫的角色和身分。爸爸是人夫、人父，是個成功的商人，也是個高爾夫球好手。他是個內向的人，有一種不動聲色的幽默感。他喜歡我們一家六口在週日晚餐後，一起玩他自己編的常識問答。

　　「冰島的首都是哪裡？把它拼出來。」

　　「『taciturn』這個字，是什麼意思？」他會問。我的兩個姊妹、一個兄弟和我都搖搖頭。「南西，妳說呢？」

　　我媽在不知道答案時，總是扭扭身體。

　　他見狀說道：「寡言又孤僻，就像我一樣。」

他會在淒冷的週末，把我們一大家子拖出門，去看標售的燈塔。他會說服船家載我們頂著洶湧的風浪出海，送我們上某座荒蕪的小島，然後幾個小時後再回來接凍僵、淒慘的我們。他嚮往隱士生活，繼而開玩笑說，他必須忍受我們每一個人。不過，他從來不曾真的買下一座燈塔。

他忠誠而善良，暴躁而挑剔。他喜愛約翰‧多恩（John Donne）的詩，閱讀關於第二次世界大戰的書。一直到他走後，我才了解到自己是如何依賴他。我的真人百科全書不見了！我偷賴的研究方法一向就是拿起電話，問他任何歷史或政治問題，而他總是知道解答，他在大學攻讀中古世紀史。在他離世前，我一直都不知道，我在這個世界之所以有一份安全感，是因為他在這個星球上。

☙ ☙ ☙

父親過世的那一晚，我們打發護理師提早離開。在這個我父母共處三十八年的親密空間裡，我們三姊妹無法自在地與一個相對陌生的人對坐。

在生命將盡之時，大部分的人呼吸都會減慢，但

我父親卻是加快，他聽起來就像在努力呼吸。他的雙眼緊閉，臉上的皮膚看起來和他還沒花白的柔軟棕髮一樣年輕。我記得，我小時候會用手摩娑他冒出鬍渣的下巴，那個粗糙的刺癢感讓我咯咯地笑。他身上有種男子氣慨，我覺得很迷人。

母親挨著他坐，把她的手放在他的手心。每隔一下子，就伸手撫摸他的臉或他的頭髮說：「沒事的，比爾。」

即使與她摯愛的人分離在即，她似乎知道死亡是慈悲的，她臉上憂慮的皺紋柔和下來。死亡並不可怕，是自然的事。妻子、三個女兒和一個媳婦，陪伴著一個就要離開這個世界的偉者。

他的眼睛突然張開，我們都嚇了一跳。他眼珠的綠，比我記憶中的還要更明亮。他直視我的母親，她在那裡隨時等待他的動靜。那幾秒彷彿永恆，我感覺到三十八年時光的深度，在他們之間流過。那樣的愛，不需要言語。

然後是他的最後一口氣。呼或吸，我不知道，不過不是逐漸減弱，只有一口氣，然後是一片靜默籠罩了我們。

媽媽想要留在房裡，睡在他身邊，度過有丈夫陪伴的最後一晚，雖然他的身體已經冰冷，也出現斑點。她沒什麼睡，我想，她整夜都在回想她與他肌膚相親的那些歲月。第一道曙光出現，她幫他洗身，換上一套仔細熨燙過的新睡衣。

　　我小時候會幫爸爸燙衣服拿零用錢，那條棉質大手帕是我的最愛，燙好後用一種特定方式摺好，放在他外套胸前口袋裡，完美地露出一角。睡衣一向是最難燙的，在燙衣板上翻過來翻過去，努力把所有皺紋都燙平。

　　媽媽也是護理師，所以她知道在床上幫往生者穿衣服的技巧。你要把他們往你這一側翻身，在他們身後墊個枕頭，以免他們往後倒下。多個幫手會比較容易，但媽媽想要自己一個人做這件事。

　　早上過了一半時，她點點頭，代表她沉默的同意。不久，我們聽到靈車壓行在外面碎礫路面發出的聲音。兩個嚴肅的男人來到門前；其中一個在腋下夾了一副折疊式擔架床。他們看起來好像是要來收取退給商店的東西，如果可以露出微笑，就算是一絲絲，或許都會比較好。死亡令人悲傷，但不該是冷漠。

我帶禮儀人員到臥房時，我的姊妹凱特和媽媽一起待在起居室。我希望他們在搬動他時舉止尊重，我怕萬一他們不是，所以我不想看。有些大體像是家具般被搬離醫院病床，我一直都想說一句：「拜託，請小心一點，他是別人的家人。」

　　他們把爸爸推出前門，腳先出門。媽媽之前堅決表示，不要看著他被帶離這間屋子，但我還是看到她失落地站在起居室門的玻璃片後面。堅持，放手，盡在一眼之間。

　　我還記得那時的空虛感受，那種一去永不復返的的沉痛。我永遠不會再有另一個爸爸了。

ℒ ℒ ℒ

　　雪落在那個十二月的早晨，彷彿與我們內心的淒冷相應和。稀微的冬日陽光，從車道頭那棵大垂枝樺的禿枝間落下，召喚著我走出戶外。沒有什麼雪可以鏟，不過這是個好藉口，可以提醒我，生命仍在我身體的肌骨之間流動。

　　從大門往下通往車庫門的車道坡度陡峭，如果我不搶先一步去鏟雪，我知道媽媽會堅持自己來。她明

天早上可能會像平時一樣，走路去商店買一份《先鋒報》。我不希望她滑倒，摔斷了手或腳。心情哀傷的她，可能會心事重重地走在路上，沒有注意腳下的坑洞和水窪。

我從室內打開車庫門，走出戶外，感覺到刺骨的寒氣，穿透我腦裡的一片混沌。我已經三天沒有出門了。當我把一堆堆的細雪鏟到車道旁，一種意外的輕快，讓我的精神為之一振。能著手處理一個可以解決的問題，讓人心滿意足。過去十三週來，我們都陷在一種無能為力的情況，沒有解決的辦法，只有確定的結局。

一個一閃而過的紅色身影，吸引了我的注意。在我看到牠之前，我聽到牠唱的第一個高音。就在離我左靴大約三呎遠的地方，有一隻小小的知更鳥，胸前色彩鮮豔，停在帶霜的杜鵑花叢的低枝上。牠啾囀著旋律，亮晶晶的黑色眼睛似乎在看著我。牠重複唱著由七個不同高音迭起的顫音，有如梵頌，我感覺牠帶著我，去到一個還有愉悅的地方。

然後，那知更鳥跳下枝椏，直接飛進開著的車庫門。牠先停在爸爸的車頂，環顧四周，思考牠的路徑。

牠飛到爸爸的高爾夫球桿上，再從推桿起飛，沿著一排的園藝工具跳躍，然後到爸爸那雙大大、泥濘的威靈頓靴。我記得，我小時候曾經穿著鞋，套進他的靴子裡，拖著步伐沿著花園小徑走。知更鳥短暫地在他的粗呢帽上停了一下，然後離開。我看著牠往下俯衝飛過收起的車庫門，再飛高越過後門，消失在天空中。

## 18　珍：驚嘆

我是收到珍定期寄發的電子郵件「小葳近況電子報」的幸運兒之一。珍是之前的避靜會學員，後來擔任志工和董事會成員，她交了一個朋友，是一隻蜂鳥，她取名為「小葳」，源自她在這個世界上最喜歡的地方 —— 托菲諾的葳克安寧尼西旅舍（Wickaninnish Inn）。她和先生傑拉德、他們的狗貝爾羅，每年都會到溫哥華島原始天然的太平洋海岸度假。想到這隻小小的鳥有多強勁的生命力，於是她與電郵名單裡的我們分享這個驚喜。

珍第一次在露台上遇到「小葳」時，她感覺自己與「強勁」完全沾不上邊。那時，她剛做完乳癌續發轉移癌的腦部放療，在家休養。我第一次遇見她，是她在癌症復發前兩年參加避靜會時，從那之後我們一直保持聯繫。我得知她與這隻小鳥產生共鳴的故事，

為大自然通常在我們最需要時給我們鼓舞，深受感動。

め め め

　　珍從眼角瞄到，在透著光澤的黑色莖幹抽出的新葉之間，有一抹斑斕的綠色閃耀。兩年前，她種了一盆紫竹，就放在與她的居家工作室隔著一道玻璃落地拉門的小露台。她喜歡春天時風吹拂著修長竹莖和新葉，在她的工作桌面映出斑斑陽光與點點竹影。

　　當一隻紅褐色的蜂鳥，叼著幾縷乾掉的苔蘚飛入竹間，她又看到那一抹閃亮的綠。鳥巢奇蹟似地附著在一根較寬的竹幹上，離玻璃門只有幾吋。珍被這隻蜂鳥迷住了：牠一次又一次回來，有時帶著淺灰色地衣碎片，有時是木屑，有時是蜘蛛網的銀色細絲線。一個小時之後，在珍照常去午睡時，這座微型建設工程都進行順利。

　　其實，她那天稍早睡醒後，只想要拉起被子矇住頭，和全世界保持距離。她先生彎身親了她一下說再見，她答應他會起床，做早餐，在樓下的書桌做點事。

　　他往車庫走去時，在樓梯間對她喊道：「不要浪費這一天！」

她心想：

**你說得倒是容易。等你的大腦照了五天的放射線，請你試著拿出歡笑活力看看。**

事實上，她氣她遇到的每個健康的人。她的家人和朋友，根本不明白這是什麼狀況：40歲，不過六年，就面臨乳癌的第二次復發。她大部分的朋友都已經事業有成，還要忙著照顧年幼的孩子，沒有時間給她。偶爾的簡訊或電郵，已是他們的最大限度。她了解他們有更重要的事情要做，仍不禁為他們的忽視而感覺受傷。

「親愛的，別擔心。祝你有美好的一天，」她回喊道。

她的腫瘤科醫師說，她至少要休息六週，才能恢復元氣。她擔心放射線會讓她精神錯亂，雖然醫生向她保證不會。她陷入晦暗的憂鬱之地，一個她之前只感受過一次的狀態，那是她得知癌症已經擴散到骨頭時。

珍在二十歲出頭時，在瑞士當滑雪模特兒，參加極限滑雪拍片工作，後來為了進修，搬回加拿大，成為運動服飾設計師。從再次確診後，她幾乎連在附近

走動都有困難，只能接一些小型的設計專案。她在家裡布置了一個工作室，以便想要工作時可以使用；目標感能讓不祥的念頭無法趁虛而入。

蜂鳥到來之後的第二天早晨，珍在心情振奮中醒來，沒有一直賴床到傑拉德出門上班後。她手拿著一杯濃咖啡，下樓到工作室，查看鳥巢的狀況。她坐進一張大扶手椅裡，膝上蓋著毯子，就這麼等著。沒錯，早晨過了一半時，那隻蜂鳥又回來了，叼著碎乾葉和木屑，在那竿竹子裡飛進飛出。她數了數，那隻蜂鳥在一個小時之內飛了 32 趟。牠用蜘蛛網線把各片材料黏綴起來，在巢的側邊打洞，用前胸拉開黏黏的蛛線，跳上跳下地築好了巢底。蜂鳥那天工作了四個小時，珍大部分的時間都窩在自己的小窩裡，從頭到尾參與築巢的每一個步驟。

「親愛的，妳今天過得如何？」傑拉德問，一邊脫下他的外套、鬆開領帶。珍躺在床上用 iPad 閱讀關於蜂鳥的資訊。晚餐時間到了，但是她疲倦得沒辦法像在得癌症之前那樣，站在廚房準備食物，她為此感到愧疚。

「還不錯，」她說。「不過呢，沒有完成任何工作。」

「怎麼了？」

「小葳讓我很開心，」她說。

「誰？」

「小葳，我們的蜂鳥房客。牠在樓下的竹子裡築巢，你相信嗎？」珍很興奮，她已經很多週沒有這種感覺了。

她帶他下樓，把鳥巢指給他看。小葳離開了一天，珍在想，不知道牠晚上睡在哪裡？她想像，牠在一天的辛勤工作之後，累癱在一堆葉子上。她感覺自己好像在向傑拉德展示作品，就像她過去經常秀出她的新設計，既猶豫又希望得到他的讚許。她為小葳的勤奮和工藝而驕傲。她想，為新生命做準備，一定需要滿滿的元氣。

珍不想要小孩，傑拉德也是。她相信癌症多少也影響了他們的決定，因為她如此年輕就確診，但是他們沒怎麼談過這件事。或許是太冒險了，想到再次生病，丟下子女，讓他們變成沒有媽媽的小孩，就像珍的母親在她11歲時離世。身為一個沒有媽媽的女兒，她的青少年時期因此變得困難、空虛而迷惘，而她對母親的癌症所知不多，也不理解她為什麼會在短短幾

週時間內，這麼快就死去。此外，她和傑拉德熱愛他們沒有孩子的生活，他們都認為對方是自己的靈魂伴侶。

第一次出現的五天後，小葳坐在巢裡的時間愈來愈長。小葳擠進像編織杯子般的巢裡，模樣滑稽，翅膀在鳥巢邊緣拍動，長長尾羽倒豎。小葳的眼睛不斷地左右閃動，彷彿在偵察是否有威脅，有時牠會閉上眼睛一陣子。

在那之後的每天早上，珍都會比平常早起。她期待在樓下的扶手椅坐上一整天，她幾乎沒有注意到自己的疲倦或持續隱隱發作的頭痛。第七天早上，珍發現小葳不見了，於是她小心翼翼地把一張小凳子放在門玻璃旁，站了上去，往下看著小小的巢裡。她看到裡頭並排著兩顆白色、小巧的蛋，大約和彈珠一樣大小。在造物的奇蹟面前，想到蛋殼裡已經有小小的心跳在顫動，她感覺心裡湧上一股愛，穿透玻璃。

日復一日，珍和小葳各自待在自己的巢裡，在等待中彼此作伴。珍很少想到自己的病情，她對另一個生命的關心，占據了她全副心思，無心去想自己的難題。驚嘆，成為沮喪的解方。

小葳每個小時大約離巢十分鐘，珍會利用這個機

會探視巢裡的動靜，並且拍照。她用標題為「小葳近況」的電子郵件，發照片給家人和朋友，大家的反應熱烈，興趣濃厚。她覺得再度與外面的世界有了交流。傑拉德每晚回到家，他們會在她樓下的工作室一起喝餐前酒，聽珍描述小葳的一天。她不再因為傑拉德而氣惱，因為現在她在傍晚的對話裡，也有事情可以分享。幾個月來，無論是他們的夫妻關係，或是她的友誼，她都沒什麼新鮮話題，除了抱怨症狀，以及對未來的恐懼。

　　在風大的夜晚，珍擔心小葳在巢裡前後搖晃，像是在搭迷你版的雲霄飛車。她必須相信，小葳在為寶寶尋找家的地點時，選擇了竹莖之間，一定知道自己在做什麼。

　　築巢開始後的第二十天，珍發現小葳立在巢緣往巢裡看。牠每次離巢找食物的時間只有幾分鐘，而在其中一趟，珍站上她的腳凳探視巢裡的情況，她看到兩個小巧、棕色、沒有羽毛、蠕動的形體，大大地張著嘴巴。蛋已經孵化，小葳有三週可以餵牠們花粉和小昆蟲。小葳把食物反芻過後，餵進寶寶的嘴裡，一直到牠們強壯到可以學飛。大約一週後，珍看到牠們

長出初羽，又過了一週，寶寶們的身體塞滿了鳥巢，幾乎要把巢撐破。第四十天，小蜂鳥在珍的注視下第一次飛行，接下來兩天，小葳和牠的寶寶們飛得離巢愈來愈遠。第四十三天，也就是離築巢的第一天已經六週又一天時，小蜂鳥們已經離開了。

　　在那之後的幾週，珍偶爾會看到幼鳥在她的餵食器逗留，喜悅的感覺在她心裡翻騰。在六週休養期間，新生命的循環讓珍如此入神。她幾乎沒有注意到，她的力氣回復了，她一度光溜溜的頭，頭髮也開始長出來了。

# 19 凱特：舞蹈

我之前不曾看過瀕臨死亡的女子跳舞。她隨著古巴音樂的節奏擺動，而她鼓脹腹部裡的癌細胞與艱難的呼吸，似乎都無礙於她的輕快和優雅。我想像她在化療前的頭髮：黝黑、濃密，而且散發著光澤，當她跟著康加鼓的聲音甩頭時，也會緊跟著左右舞動。

但是，凱特的頭髮大約只有一吋長，一撮撮叛逆的黑色尖刺探出頭，彷彿在說：「妳沒辦法留我太久。」我感覺凱特彷彿那一刻才下凡，在那時那地起舞，為我們、為她自己，也為她的生命。在避靜會的最後一天，凱特登場演出，而在那之前，我們沒有一個人知道她是職業騷莎舞者。

幾個月前，我和凱特在我的諮商室認識。她的世界崩塌了，她知道胰腺癌通常是死刑。

「她不會記得我，對嗎？」凱特輕聲問，她指的是她3歲的女兒波麗。

我從她深褐色眼睛裡渴望與恐懼的表情，讀出她希望的答案，但是我還沒開口，凱特就搶先用更多問題堵住我的回答。「妳認識其他失去媽媽的小女孩嗎？」她問。「在沒有媽媽的日子裡，她們過得如何？」

我告訴她關於娜塔夏的故事。

ᴥ ᴥ ᴥ

彼得是我的一個委託人，在頭幾次諮商時，他帶著9歲的女兒娜塔夏一起來。他的妻子伊蓮曾在她癌末時來找我諮商；伊蓮要彼得答應她，要帶娜塔夏參加喪親支持諮商。但是，六年過去了，彼得不曾來過，他覺得娜塔夏沒有媽媽，也應付得還可以。不過，當他們家養的狗死掉時，娜塔夏傷心欲絕，於是彼特最後打電話進來約時間。

和其他9歲大的孩子比起來，娜塔夏的體型瘦高。她一頭及肩的波浪金髮沒有紮起，任其自然披散，傳達出一種自信。她在門口與我對望，好奇地說了聲「妳好」。

「妳可以自己單獨和我聊聊嗎？還是妳希望爸爸一起來？」我問。

「我可以一個人，」她看著爸爸，徵求同意，彼特點點頭。

娜塔夏和我在卡拉尼什中心四處走走，我向她介紹各種治療室。首先，是藝術工作室，那裡有顏料、紙、拼貼用的圖片、黏土和布料。我看到她環顧室內時臉色發亮。

「我喜歡這個房間，」她說。

「我在妳2歲時看過妳，妳媽媽在第一次生病後，有幾次帶妳來過這裡。妳那時就喜歡這個房間了，特別是妳可以做人體彩繪，玩得髒兮兮的。我很難過她今天沒有和妳一起來這裡，我真的、真的很難過她過世了。」

我想要她明白，我知道她母親去世的事，如果她想要的話，可以談談這件事。

「是啊，我也很難過，」娜塔夏說，然後改變話題。「這些顏料要加水才能用嗎？我在家裡用的那些不必加水。」

「這些不必，」我回答。

我們繼續參觀這棟建築物，我帶娜塔夏去看沙遊室，裡頭有從地板到天花板的層架，擺滿了小東西：人偶、動物、羽毛、石頭、貝殼、玩具、迷你模型屋和家具、仙女和精靈、宗教與非宗教的符號，還有醫療和醫院用品，像是注射筒和藥瓶。沙遊室可以幫助孩童和成人談論難以講述的主題，運用在沙盒裡擺放物體來創作故事，能讓他們更容易表達。

「我可以在沙盤擺一幅畫嗎？」她問。

「當然可以，」我說著，遞給她一個小籃子，建議她挑選喜歡的物件，還有一些她不喜歡的，想拿多少都可以。潛意識會依附於具有正向關聯或負面關聯的物品，觸發對困境有用的洞見。我把高腳梯指給娜塔夏看，她用它拿到最上層的東西。她仔細看了每一層，還爬到最高的層架，在徹底探索過後，才約莫挑了三十件物品，放進籃裡。

她挑好之後，我指著一張鋪滿金黃色細沙的大型木頭沙盒說：「妳可以把所有的東西，按照妳想要的方式放進去。妳自己會知道怎麼擺放它們，慢慢來。」

娜塔夏不發一語，小心翼翼地排列她挑選的物件。我從排列看不出明顯的意涵，但是這個排列顯然

是刻意、經過思考的。

「妳可以告訴我裡頭的故事嗎？」她完成後，我問她。

娜塔夏告訴我她家的事。她選的人偶代表了她的父親、她的三個哥哥、她的祖父母和外祖父母、她的平輩與長輩的堂親與表親們，還有她在學校三個最要好的朋友。她也挑了人偶代表她的舞蹈老師和她最好朋友的媽媽。她一一指著沙盤裡的人偶，告訴我他們的名字、年齡和關於那個人的故事。她挑了一隻老鷹代表媽媽，把它立在木製沙盒一吋的邊框。她加了幾間房子、幾棵樹、一個營火模型、一把吉他、一些貝殼，和一面當做水的鏡子。

「我最喜歡的家庭時光，是我們全部都去鹽泉島（Salt Spring Island）參加家庭聚會時。我們分別住在六間小木屋裡，每天晚上在海灘上生營火，唱著歌。」她回憶時，整張臉都亮了起來。

「妳媽媽應該也會喜歡，妳不覺得嗎？」我問道。

「她一定會喜歡！爸爸告訴我，她喜歡唱歌，甚至參加過合唱團，還出過一張CD。我們在家裡經常播。」娜塔夏告訴我家裡的故事時，神情變得活潑。

「我選了老鷹代表媽媽，因為她喜歡老鷹。她俯視著大家，很高興我們玩得很開心，」她說。

「沒有媽媽在，是怎麼樣的？」我問娜塔夏。

「我算是已經習慣了。最糟的時候是在學校遇到母親節，要做一些東西，我會有種奇怪的感覺，」她說。

「那一定不好受，那妳怎麼辦？」我問。

「我做卡片給外婆，」娜塔夏說。「她是媽媽的媽媽，告訴我很多關於她的事，所以我覺得我了解她。每個人都說我就像她一樣，」她微笑道。

「妳的狗呢？」我問。「妳不想把牠放進沙盒故事裡嗎？」

一顆大大的淚珠，滾下娜塔夏的臉頰，掉進沙裡。

「牠死了，」她說。

「妳爸爸告訴我了，我很抱歉。妳一定很想牠。」

娜塔夏大聲地吸了吸鼻子。「我非常想牠。我全部的人生裡都有牠。牠一向都和我睡同一張床，睡在我的身旁。」

我問她，想不想選一個東西代表她的狗？這樣牠還是家裡的一分子。她挑遍每一隻模型狗，拿在手裡翻來覆去地看，慎重考慮，最後選了一個。「這隻狗

和魯伯特不是一模一樣，只是有點像而已。」

　　她走向沙盒，把那隻狗立在沙盒邊框上。她安靜地坐下，久久盯著老鷹和狗。

　　「我希望他們在這裡，」她說。「但至少，他們在一起，可以看到我們，知道我們很開心。」

ℒ ℒ ℒ

　　聽我講故事的凱特，從頭到尾頻頻點頭，彷彿領略到其中的真義，意會到波麗也會像娜塔夏一樣，很快就會找到方法，接受媽媽的離開。

　　「等到波麗長大，妳會幫助她嗎？」她問。

　　「當然會。」

　　那次諮商過後兩個月，凱特參加了一週的卡拉尼什避靜會。她想要學習如何接受她的死亡，希望她接下來可以幫助女兒找到度過喪親之痛的方法。

　　一天早上，在團體課裡，凱特開始講述她為女兒感到恐懼。「我不認為我可以承受，想像波麗要過著沒有我的生活，一想到我不能成為她的後盾，」她說，手在發抖。

　　房間陷入一片靜默，過了一會兒，凱特突然發出

尖叫。從她母性的靈魂深處發出的痛苦，刺破了所有保證生命的公平或確定性的幻象。一陣陣啜泣摧殘著她的身體，一波波的哀傷和絕望淹沒了她。我把椅子拉近她的身邊，全天下的母親都會因為太快與子女分離而哀慟，現場所有人都淹沒在這份屬於母親原形的傷痛裡，而時間似乎在大家的等待中靜止。團體相信，凱特有能力承受她的痛苦，這份信心是她的藥。

在感覺彷彿歷經非常漫長的時間之後，哀泣聲停止了。一種深沉的寧靜，瀰漫在整個室內，就此停留。這群人因為自己也帶著愁苦活著，所以能夠對痛苦的表達寬容以對，而凱特的痛苦就在他們的同在之間消散。

最後，凱特看著這群人，感謝每個人陪伴她走過這趟內心深處之旅。在屈服於極度的脆弱之後，她已經回來了，抵達一個新的地方。

兩天之後，在避靜會的尾聲，凱特開口對大家說話。

「我要用這支舞來表達我對大家的感謝。謝謝你們給我力量，可以傾聽、關注我的痛苦。」

團隊成員把椅子推到房間四周，清出中央的空間

給凱特表演舞蹈。

古巴音樂響起，凱特借力於椅子兩邊的扶手，挺身站起。她慢慢走到房間中央，停了下來。她的眼睛向上望，好似在與某個熟悉的東西交流，或許是某個騷莎舞者的世系，他們理解舞蹈能為靈魂灌注生命力，能讓一個人從日常生活的難題裡昇華。凱特開始配合吉他與鼓點節奏，緩慢地踩著小步，手臂在一連串節奏短促的動作中，順著挺直的背和頸項高舉過頭。凱特看起來欣喜若狂，隨著音樂節奏的加快，似乎有一股能量帶著她的身體，舞動得愈來愈快。她配合節奏旋轉，大約過了十分鐘，音樂停止，在那一片寂靜裡，我們只聽得到她急促的喘息聲。凱特閉上眼睛一陣子，彷彿在品嚐她虛弱的身體裡奔竄流動的生命力。等到她終於睜開眼，環顧現場一張張出神的臉龐，她的眼睛閃耀著光芒。

ଷ ଷ ଷ

凱特登場跳舞的那一天，似乎也跳出她自己還活生生、而非垂死的那一面。我感覺到，她之所以能夠找到這一面，是因為她接受了自己即將面臨失喪的痛

苦，因而能與她的受苦有更深的連結。當凱特在房間
裡旋轉，渾然不覺身邊觀眾專注的臉孔，她或許已經
被音樂帶到某個沒有癌症或垂死、沒有鼓脹腹部或呼
吸困難的世界，一個她的靈魂可以得到自由的地方。

　　避靜會之後的八週期間，凱特決定用她大部分的
時間，為她的女兒留下一點東西。她請她先生進行一
系列的錄影訪談，講述波麗誕生的故事，講述她第一
次抱著波麗時的感受，還有她摸索著要怎麼當這個心
愛女兒的媽媽 —— 這個連她自己都不敢相信會這麼愛
的女兒。她自己唸波麗最喜歡的故事，唱她最喜歡的
兒歌，把這些都錄成影片。她向波麗保證，無論她的
人生發生什麼事，媽媽都會以某種方式和她在一起。
她希望，波麗永遠都知道，媽媽有多麼愛她。

　　我相信，凱特在避靜會所做的功課，也就是直接
觸碰她的痛苦，面對她即將離世的這個現實，有助於
她完成為女兒留下紀念品的這項工作。沒有這項功課
與團體的支持，凱特可能沒辦法擁有那份耐力，完成
許多臨終之人覺得無法達成的事。

　　　　　　　　ॐ ॐ ॐ

　　幾個月後，凱特住進安寧病房，波麗曾與她的爸爸一起來了幾次。就像娜塔夏，波麗很幸運擁有一個大家族，努力地讓母親的故事流傳下來。我有時還會與這兩個女孩做諮商，雖然她們失去母親的痛苦，在超過十五年後還是會一直浮現，但她們兩人都過著有意義而有成就的生活。娜塔夏現在是兩個漂亮小女孩的母親。

## 20 麗茲：椎心的美

道格走向我，把裝著他妻子骨灰的黑色塑膠盒遞給我看。他說：「如果妳願意，就取一把吧！」他揚起眉毛，表示希望我這麼做。我揣想自己對於摯愛之人的骨灰，會不會這麼大方？我想，我會把全部都留給自己，不想與他人分享，不想放手，也不想這麼有大愛。

想到要用手觸摸我親愛的朋友麗茲的骨灰，我的呼吸加快，這件事感覺是如此親密。我把手伸進暗黑的盒子裡，感受麗茲從曾經會動的身體，化成冰涼、細密、夾雜著骨頭的灰燼，包覆著我的手指。在曲起掌心掬起她的某個部分，拿出盒子之前，我停留了一下。我想要慢慢來，仔細端詳那些骨灰，聞聞它們，讓它們在我的指間流過，就好像我小時候在南角（Southend）的沙灘上一連玩好幾個小時的沙，想像著

石頭經過億萬年的光陰，才變成這深黃色的沙。我好奇檢視著大體火化後改變的形相，我知道這是麗茲，也知道我的身體總有一天也會化為骨灰。但是，我感受到儀式要繼續進行的催促，所以幾乎沒看多久左掌心裡的灰，就用右手蓋住凹成杯裝的左手掌，保護這把灰，保護麗茲，讓她安然在我如搖籃般的手掌裡，在那一方黑暗的溫暖裡。

一週前，我們在設計告別式時，道格希望我們大家一起用花朵創作一幅曼陀羅畫，然後把麗茲的骨灰撒在上面。一年前，我曾在人類學博物館（Museum of Anthropology）看過西藏僧侶在巨大的海達（Haida，美洲原住民一族）圖騰柱間創作曼陀羅沙畫，那繁複精細而精準的圖形，以及僧侶以創作表現內在覺知時的寧靜，都令我著迷。五天後，僧侶們像舉行儀式般，把他們的創作掃成一堆彩沙，帶著它們朝著海洋行進，在海邊頌念祝禱，然後放流大海。沒有事物是恆常的，萬事萬物都是無常的；但是，事關我所愛的人時，我就會強烈地想要排拒這個觀念。

一直到告別式開始後，道格才明白他也希望邀請其他人把麗茲的骨灰撒在那些紅色、橘色、黃色和白

色的玫瑰花瓣、百合和非洲菊上，這些都是麗茲所愛的人親手擺在一張大大的白色帆布上的。

自從兒子和女兒離家上大學，麗茲就潛心於自己的創作生活：學做布拉塔乳酪和巧克力；寫詩；用鮮明的壓克力顏料畫抽象畫；縫製抱枕套，用來裝飾道格為他們的起居室所做的藝雕家具。麗茲深知美的事物在自己的療癒裡扮演了什麼角色，她也知道，對於我們過去十年的工作中一起照顧過的那些癌友，美在他們身上又發揮了什麼作用。我們那天用花朵為麗茲創作的曼陀羅，似乎是非常適合的獻禮。

我們五十個人從自己的花園或避靜會中心地面蒐集來的花瓣，仔細排列出曼陀羅圖案。道格先把骨灰盒遞給他的兒子威爾，然後是女兒賈桂琳。此時，我感覺我的心急急地流向他們，趕著要去安撫他們、寬慰他們，但是接下來，我注意到我異常地感到安心，因為他們願意、也能夠面對骨灰 ── 這雖然具體卻容貌全然易改的母親形體，但確實是他們的母親。他們直接觸摸她、記念她，讓她長眠在我們腳邊的美麗曼陀羅裡。其他人被他們的勇氣所感染，走上前去，我感覺到群體的愛和支持把他們包圍。

　　我回想起我的父親在整整二十年前的火化。在位於格拉斯哥的火葬場，我和大約二十個家人和親戚，全部穿著黑色衣服，一起坐在一個寒冷、灰暗、沒有生氣的房間裡，看著機械裝置把我父親的靈柩從比我們視線高幾呎的平台，送進閃亮的灰色壓克力布簾後方，就是可以在便宜的汽車旅館裡看到的那種窗簾，只不過這裡是由後台的操作人員控制開闔。沒有人說話，沒有音樂，沒有色彩，一點也不美。爸爸的大體，就在這個缺乏人味又神祕隱晦的過程裡化為灰燼，而我們是被動的旁觀者。

　　我跪在花朵曼陀羅旁邊的地板上，把搗蓋的雙手舉到我的脣邊，用活著的皮、骨和血的親吻，向麗茲傳達我的感謝。我把骨灰撒在橘色、紅色的玫瑰花瓣和黃色的百合花上，看著鮮豔的色彩隱入灰色底下，我祈禱著麗茲能夠幻化成一種美。我深深明白，那些和我一樣在圓圈旁跪下來的朋友們，都想要盡可能靠近我們所愛、但身不在場的麗茲。

⅏ ⅏ ⅏

　　麗茲是我工作上的左右手，她是組織流程和制度

的高手，讓我的生活更輕鬆、更有品質。此外，從她
自己與癌症共存的33年經驗裡，她深知確診所帶來的
憂傷、恐懼和沉重的打擊，以及希望和療癒的可能。
她在第三次確診癌症之後，突如其來地離職，我才明
白自己對她的依賴。

　　麗茲和我第一次見面，是她來參加我們的一週癌
症避靜會之時，就在她第二次乳癌確診後，也是在她
29歲時第一次確診後十八年。麗茲告訴我，她來避靜
會的主要原因是哀悼她的母親，她的母親在49歲離
世，那年麗茲18歲。麗茲身為家裡三個小孩的長姊，
必須放下哀傷，扛起責任，幫助爸爸理家。除此之
外，她不知道還能夠做什麼。等到她快邁入50歲時第
二次確診，大約和她母親過世時差不多的年齡，麗茲
一整個籠罩在哀痛裡。她需要一個安全的地方，好好
止痛療傷。

　　她在避靜會的那一週，哭泣的時間比說話的時間
多。到了最後一天，她告訴我，把心打開，感受到她
帶了十八年沒有去處理的憂傷，感覺是多麼好。在接
下來的五年，麗茲一直與卡拉尼什保持聯繫，參加
每個月為過去的避靜會學員舉行的支持團體，並在管

理家族事業與照顧兩個青春期孩子之餘，來我們辦公室擔任志工。所以，當卡拉尼什辦公室主任職位出缺時，她是理所當然的人選。

♘ ♘ ♘

一天早上，在我和她每天共享的辦公室裡，我第一次聽到麗茲淺咳。身為腫瘤科護理師的我，自然會留意到咳嗽，並且很快進行評估：乾咳，有痰，深層，淺層，久咳，伴隨哮鳴，頻咳，該擔心，或是不必擔心？我聽她咳了兩週，終於問她，要不要去檢查一下？她告訴我，她已經看過家庭醫師了，正在服用抗生素，所以我多少放了心。這段期間，我們繼續過著每一天，接待來我們中心尋求幫助的癌症患者。

大約一個月後，麗茲在開車上班途中，突然感覺到右臂到整個前胸一陣麻痺。於是，她直接開車到急診室，電腦斷層掃描顯示她的右上肺葉有一個腫塊，醫生告訴她可能是癌。她需要做切片，才能知道確切的病理。

麗茲當時是61歲，這次看起來像是第三次癌症診斷，我認為是原來的乳癌轉移到肺部。我知道，很多

乳癌轉移的女性都活得很好，因此當我得知麗茲這個可怕的消息時，在心裡參考她們的經歷，對麗茲的情況懷抱著希望。

麗茲去急診室報到那天的一週後，我們為舉辦春季避靜會出差了一週。她在出差前那一週做了許多檢測，包括肝臟穿刺切片，但是由於麻痺感已經解除，她覺得她的情況還是可以來避靜會掌廚，就像她過去十年每一季一樣。在等待檢測結果時，投注於有目標的工作，是分散注意力的好方法。

在避靜會的最後一天，道格打電話到我的手機。麗茲和我說，她不想在避靜會接到醫生打來的任何電話，所以要道格代替她接所有緊急電話。

「珍妮，不是好消息，」他說。

一股寒意竄上我的背脊。我記得我小時候，媽媽常說背脊發涼，是因為有人從我的墳墓上踩過去。惡耗總是先襲擊我的身體，在我的心智和心靈之前。就像我接到媽媽電話的那一次，她毫無預警就說爸爸長了腦瘤，不是可以治的那種，而是多形性膠質母細胞瘤，腫瘤科醫生說情況「沒得救」。那天，掛上她的電話後，我的身體發抖了好幾分鐘。

「道格，在你告訴我之前，你必須先告訴麗茲，」我打斷他的話，想到比她先知道某些事情，我感覺無法承受，也不想當那個對她宣布壞消息的人。我的腦海裡，閃過所有我認識的腫瘤科醫師，他們背負這份煎熬的責任，必須告訴別人那些會永遠改變他們人生的檢測結果。這項沉重的負擔，我以前不了解，現在懂了。

「妳可以跟她說，我五分鐘後會打來嗎？還有，我打電話來的時候，妳能陪在她的身邊嗎？情況並不好，」道格又說了一次。

「我很抱歉，道格，我真的很抱歉。」

結果，情況比乳癌轉移還糟糕。治療復發乳癌可以選擇的方法，比擴散到肝臟的第四期肺癌要多很多。手術不是麗茲的選項，她要立即接受實驗性的化療。她不想知道預後，但是根據我的經驗，我認為如果幸運的話，她還有一年。

對比之下，我父親是真的想知道他的預後。他秉持實事求是的風格，問腫瘤科醫生：「我還有多久？」

「三到四個月，」腫瘤科醫生說。

爸爸聽到預測時，我看到希望在他還沒有機會接住時就落到地上。他信任科學家，不想浪費時間祈求

奇蹟或尋求另類療法。他想喝香檳，重溫他最喜歡的電視劇《老爸上戰場》（*Dad's Army*），還有與結縭三十八載的妻子、四個孩子（在他們返家探望時），一起度過美好時光。但是，他的四個孩子——包括我，和麗茲的孩子不同，我們已經擁有自己的生活、事業、配偶和孩子。我不用依賴他，他過著心滿意足的生活，一個他可以接受放手的人生，儘管會有悲傷。

麗茲也和我的父親不同，她整個成年後的歲月，都在和癌症糾纏，曾經治癒過兩次。她對這第三次確診之所以一直抱持希望，或許是因為她親身的經驗，讓她信任化療可以治癒她，即使是機會渺茫的第四期肺癌。她兩次治癒的身體記憶，也讓她保持希望不滅。如果麗茲選擇不與她的醫生、朋友談論預後和無可避免的死亡，藉此控制思維及隨之而來的情緒，那麼生命的長度就可能給她更多的許諾。

♋ ♋ ♋

在確診之後的前十個月，麗茲抱著希望和決心活著。

「為什麼不呢？珍妮。有些人就是違反統計學，第四期肺癌患者當中，有1％的人存活超過五年，我

們也認識活了九年的人，不是嗎？」麗茲說，凝望著我，眼神催促我表示同意。

我確實認識黛安娜，她也得到同樣的診斷，確實屬於1％的那群。我非常想要和麗茲站在同一邊，但是一種不祥的預感，不斷地壓著我的胃。我想刻意忽略那種感受，畢竟我之前也曾對露易絲做錯判斷，露易絲是另一個避靜會學員。她指責我放棄希望，她因為狀況實在太良好而結束緩和療護，然後比腫瘤科醫師預測的還多活了五年，我不得不檢討我錯誤的預後。我當時的確對露易絲放棄了希望，所以我明白，我對生死的預測不一定可靠。

剛開始的幾個月，我非常努力去忽視那股不祥的預感。我祝願、企盼著能夠贊同麗茲，希望我能夠同意她可能是挺過第四期肺癌的特例。當化療消除了久咳和呼吸急促，當放療緩解了她的骨痛，我比較容易覺得有希望。麗茲甚至還能夠進辦公室工作幾個小時，而我也能夠暫時忘卻癌症，相信我們會這樣並肩工作下去，直到我們其中一人終於決定退休。

幾個月過去了，我的希望也逐漸減弱。麗茲沒有成為那1％的特例，我想是因為我的護理魂使然，我

看到了病情推進的徵兆：體重下降、腳踝腫脹、體力衰退、偶然的精神錯亂，還有矇上她眼白的那一層黃。我不想看到這些，但是我看到了。

　　我甚至擔心我的不抱希望，或許多少會影響麗茲的存活。我父親離世前的幾晚，我懷疑自己對他死亡的平靜和接受，是否多少阻擋了奇蹟降臨在他身上的機會。我想要像我在社會心理學所知道的那種旁觀者，在身邊圍繞著面臨危機的人時，能夠秉持旁觀者的無動於衷，相信沒有什麼事情真的出差錯。可是，我知道，對我父親、對麗茲，我在內心深處的感覺是，我不想要他們死去，我已經慌了。認為我的想法會妨礙奇蹟或加速死亡的神奇念頭之所以會出現，只是因為我沒辦法接受我對事情的發展無能為力。

　　一旦我在內心為自己的無助騰出空間，我就能夠接受真實情況，並且在憂傷之外，找到一些平靜。我父親在診斷當下就接受了死亡；至於麗茲，非到除了放手別無選擇之時，她都要緊緊抓住她的生命。這件事，顯然沒有正確的做法。

　　「我會一直保持希望，等到我的腫瘤科醫師告訴我結束了，不需要再治療了，」麗茲說。「我希望妳

和我一起懷抱著這個意念。」

　　我們想法的衝突明顯可見。我的心一沉，覺得自己被要求做一件不可能的事。

　　「我會盡力，麗茲，我的朋友，」我說著，牽起她的手。「妳知道我最希望的事，就是妳一直在這裡。」她知道我對她的奇蹟有疑慮，我看到她的眼睛裡閃過失望。

　　我當時知道，我有個計畫，包括討論死亡，以及可能在她最後幾週對她重要的事。畢竟，過去十年來，麗茲、我，以及我們團隊曾經幫助過的數百個癌友，一起度過各種治療和臨終過程，我知道哪些形式的對話能夠化解我內心的緊繃，把我們拉得更近，但這件事的關鍵不在我。

　　在最後兩個月，雖然我們每天來回發送滿是表情符號、表達愛和支持的訊息，卻不曾說到或打出「死」這個字。麗茲仍然堅定地等待治療的奇蹟，而我的心繼續和我的腦打架，好讓她在離開這個世界之前，能夠擁有選擇她要如何活著的尊嚴。

　　我在她住院的前一天去看她，那也是我最後一次去她家拜訪她。麗茲用氣音斷斷續續地輕聲說，她絕

對不放棄希望，我流著淚點頭，知道我想像中的那場對話不會成真。但是，就在那時，出乎我意料之外地，一年來，我第一次感覺到身體放鬆。我希望我們能夠談談死亡，這是我的心願，不是她的，而我終於不得不放手。

　　那次拜訪後隔天，距離麗茲離世不到兩週。她的腫瘤科醫師告訴她，她必須停止口服化療，因為癌症進展迅速，她已經沒辦法再給麗茲任何治療了。第二天，麗茲告訴道格，她必須去醫院，因為她不覺得自己在家裡能夠應付。一週後，她轉到安寧病房，在那裡住了五個晚上後去世。

ΰ ΰ ΰ

　　我到安寧病房時，裡頭滿是訪客。我走近床邊，麗茲睜開眼睛。

　　「啊，妳來了，」她說，彷彿是歡迎我回家的溫暖問候。「妳好嗎？」

　　我回答：「很高興妳看起來這麼安適又穩妥。」

　　「嗯。我是不是全世界最幸運的女人？」

　　「妳是指什麼？」我問。

「妳看，這裡有這麼多的愛，我是如此幸運，」
麗茲被插進鼻孔的氧氣管壓著的臉，露出微笑。

我環顧這一大群人，看到道格坐在麗茲的妹夫傑
拉德旁邊的扶手椅裡；賈桂琳和她的男友也在道格身
旁；威爾和他的女友手牽著手；兩個從惠斯勒來的老
朋友（我之前曾聽聞過，也在照片上看過），身上蓋
著毯子，窩在沙發裡；兩個卡拉尼什的朋友，坐在靠
近床邊的椅子上，其中一人輕柔地彈著吉他；床下的
角落有個枕頭，他們的西班牙獵犬喬依正窩在上面睡
覺。每個平面都放滿了花和卡片，牆上貼著照片，這
個房間充滿了生氣。

「我明白妳的意思了，」我說。「妳非常幸運。」

♫ ♫ ♫

「親愛、親愛的麗茲，」我想著，在深紅色玫瑰
和白色大波斯菊覆上她的骨灰。人們三三兩兩走上前
來，把她的骨灰撒在曼陀羅上，一直到最後一個。
最後，一大籃的花瓣再次在眾人之間傳遞，撒在骨灰
上，一直到鮮麗的顏色再次奔放蓬勃重現。

義大利作曲家魯多維科·伊諾第（Ludovico Einaudi）

所寫的〈兩個日落〉（"Due Tramonte"），是麗茲最愛的鋼琴曲之一。當我們五十個人與腳邊完成的曼陀羅同坐，梅麗里茲演奏的樂聲盪漾在整個室內。

道格走上前來，用一把小刷子，緩慢、有條理地把排成圓圈的花和骨灰，掃到帆布中央成為一堆，就像我在人類學博物館看到西藏僧侶處理曼陀羅一樣。房裡一片安靜，只聽得到刷子刮過帆布的聲音。隨著這件創作輕柔地崩解，我意識到時間的流逝與無常的真實。我父親最喜歡的一句話是「萬物都會逝去」。

道格招呼他的兩個孩子拎著帆布的角，把帆布闔起來，這樣更容易帶著走去溪邊。我們一行五十個人走在這家人的後面，走到橋上時，我們的克里族長者和朋友莫琳，用鼠尾草煙燻棒塗抹帆布包，向造物者祈願，保佑麗茲在如今成為她的家的大自然裡能夠平安。

道格、威爾、賈桂琳和我下到一處河岸，那裡的河水流過幾脈橫跨溪面的寬樹根。道格脫下鞋襪，涉水到樹根圍起的水窪裡，我感覺得到我們兩旁那兩棵圓柏的力量和穩固。水流經樹根的突起處，形成了一個小瀑布，流進下方一個更大的水窪。他小心翼翼地打開帆布包。

下游離我們幾呎處，來自喀斯喀特山脈晶瑩透澈的水流成一個大水池，大家在池畔沿著溪岸聚集。我注意到，許多人都手牽著手或臂挽著臂，面容溫柔又美麗。道格在賈桂琳和威爾的協助下，打開布包，把花瓣和骨灰慢慢倒在樹根突出處。

　　有些骨灰留在平滑圓潤的河石上，在夏日午後的陽光下閃耀。花瓣推擠著越過樹突，順著瀑布而下，流進下方的水池。水流把它們排成一彎寬月牙，幾乎要碰到兩側的河岸。一團色彩鮮麗的花瓣好似被挽留下來，幾分鐘後，待水池裡輕緩的水流把它們重新排列好，再帶它們順流而下，最後溜過河道彎處，消失在視線裡。有幾片花瓣落後，停在兩岸的石頭之間。它們可能會在歇息一會兒之後，最終順著水流離開，或許就在夜晚的黑暗之中，只有天上的新月幫忙照路。

　　大家手挽著手，順著蜿蜒小徑漫步而下，走向等著我們的饗宴。道格語帶堅定地說：「當我們能夠把哀慟沉浸於美，就會覺得所有事情都變得更容易。」

　　麗茲的告別式過後的幾個月來，每當我想起麗茲，就會想到她在那裡，在她鍾愛的美麗溪流裡，上面覆蓋著堆積如丘的花朵。

# 謝辭

　　本書是同村協力的成果，我要在此感謝過去八年來一路幫助我的眾多村民。首先、也是首要的，我要謝謝這些故事的主人翁，他們雖然面臨險惡的診斷，卻選擇盡最大的能力擁抱生命。透過他們，我看到一張張導航地圖，通往充分經歷生命的圓滿臨終。本書是他們留給世人的禮物，但願這些故事裡的智慧，能夠讓許多人受益。

　　我要感謝這些了不起的人們身後哀慟的家人，他們勇敢閱讀了這些故事，支持這些故事流傳全世界。他們理解，死亡不是關係的終點，愛會恆常不變。

　　我開始寫作本書時，對於寫作的門道所知甚少。我得到許多老師的指點：Betsy Warland、Brian Payton，以及西門菲莎大學的寫作工作坊（The Writer's Studio, Simon Fraser University）；我用功的非文學寫作團體，特別是Karen Lee一路走來每一步的陪伴；亨伯寫作學校（Humber School for Writers）的Isabel Huggan，她透澈的評論讓我虛心受教，也增強了我的寫作能力；作家寫作協會（Writing By Writers）的Pam Houston，她審閱我的初稿，鼓勵我繼續寫

作；Brooke Warner 和 Jay Schaefer，他們以高超的編輯技巧，提升我的書稿的層次；Toby Symington 與洛依德·賽明頓基金會（Lloyd Symington Foundation）給我補助金，支持本書的寫作；最後、但並非最不重要的，我要感謝十二年的卡拉尼什寫作班，他們走過受到癌症影響的人生，一路坦誠寫下他們的歷程。

　　我由衷感謝 James Spackman，我在文學上遇到的每個問題，都拿去向他請教，也是他介紹我認識我才智出眾、見識過人的代理人，那就是倫敦 bks 版權代理的 Jason Bartholomew——Jason，請收下我大大的感謝。謝謝我聰慧的編輯 Hannah Knowles，如此慎重地把我的書交給 Canongate 出版社的團隊——Hannah，謝謝妳在每個轉折的寬容與令人安心的同在。謝謝 Canongate 的整個團隊，特別是 Jamie Byng，謝謝你為一個沒有名氣的作家冒險。我還要謝謝 Canongate 的幕後人員，在一路走來的每一步當我的後盾，我不可能為我的書找到比這裡更好的家。

　　在過去八年來，我得到家人非常多的支持，尤其是我的母親南西，她是這本書最重要的啦啦隊長。我是個幸運兒，能夠生長在一個關係緊密的大家庭：我

的手足凱特、羅伯特和莎拉，以及他們的家人，還有我的眾家姻親們，全都在我的身邊慶賀我的成就。

本書的每一頁，都有我在卡拉尼什的朋友們所留下的痕跡，我要謝謝 Allison Prinsen、Aimee Taylor、Carol Sutcliffe、Claire Talbot、Danielle Schroeder、Eva Matsuzaki、Gretchen Ladd、Joanne Reimer、Judy Russell, Justine Greene, Kathleen Holzermayr、Lynn Buhler、Margaret Bacon、Nicola Murray、Susie Merz、Stephanie Sauvé、Tessa Cherniavsky 與 Tori Cook。能與一群如此富有愛心的人工作，我感到很驕傲；我每天都在他們身上看到，全世界最強的特效藥來自我們的心。特別感謝我的卡拉尼什共同創辦人 Daphne Lobb 和 Maryliz Smith，她們至少和我一起帶領了將近一百場住宿避靜會，從來沒有缺席過一場。我們在共事中成長，我深深珍惜我們共度的每一刻。

若沒有 Barclay Isherwood 和他在布魯溪中心（The Brew Creek Centre）的出色團隊的支持與合作，卡拉尼什的療癒工作，就無法發展出現在的深度。過去十八年來，我們的避靜會還不曾找到比這裡更理想的家。

每隔幾個月，當我在森林裡的小木屋閉關時，

都能寫出最精采的文字。所以，我要大大地感謝下列各位的慷慨：科提斯島（Cortes Island）的Deena Chochinov和Eric Posen、鮑威爾河（Powell River）的Lynn Buhler和James Coverdale，還有潘德島（Pender Island）的Justine Greene。

在這個狂野的人生旅程裡，我的精神導師為我補給養分，他們是：Michael Lerner、Rachel Remen、Dolores Krieger、Jack Kornfield和Maureen Kennedy。

謝謝我已經離開這個世界的靈魂朋友們：Karen Barger、Kathy Fell、Lis Smith、Liz Evans、Sandra Oriel和Denise L'Heureux。他們臨終時的從容優雅，會成為我大限之時的幫助。謝謝我親愛的父親，他讓我看到，死亡不一定讓人害怕。

最後，我要向Daphne獻上我無盡的感謝，謝謝她二十五年來的愛，在卡拉尼什與我不倦不怠地並肩工作。無論高低起伏，她都能讓我發笑，連她自己罹癌，我們因而極度脆弱的那段期間也不例外。如果沒有她的精心編輯、她的安慰和她從多年在緩和療護工作所培養的深厚同情心，我就不可能寫成此書。我知道我有多麼幸運。

 星出版 身心成長 B&S 003

# 愛的原形
## 20 段療護紀實故事，
## 提醒我們要好好說再見

# Radical Acts of Love
## How We Find Hope at the End of Life

作者 ── 珍妮‧布朗 Janie Brown
譯者 ── 周宜芳

總編輯 ── 邱慧菁
特約編輯 ── 吳依亭
校對 ── 李蓓蓓
封面設計 ── 謝佳穎
內頁排版 ── 立全電腦印前排版有限公司

讀書共和國出版集團社長 ── 郭重興
發行人兼出版總監 ── 曾大福
出版 ── 星出版／遠足文化事業股份有限公司
發行 ── 遠足文化事業股份有限公司
　　　　231 新北市新店區民權路 108 之 4 號 8 樓
　　　　電話：886-2-2218-1417
　　　　傳真：886-2-8667-1065
　　　　email: service@bookrep.com.tw
　　　　郵撥帳號：19504465 遠足文化事業股份有限公司
　　　　客服專線 0800221029
法律顧問 ── 華洋國際專利商標事務所 蘇文生律師
製版廠 ── 中原造像股份有限公司
印刷廠 ── 中原造像股份有限公司
裝訂廠 ── 中原造像股份有限公司
登記證 ── 局版台業字第 2517 號

出版日期 ── 2020 年 12 月 09 日第一版第一次印行
定價 ── 新台幣 380 元
書號 ── 2BBS0003
ISBN ── 978-986-98842-7-3

星出版讀者服務信箱 ── starpublishing@bookrep.com.tw
讀書共和國網路書店 ── www.bookrep.com.tw
讀書共和國客服信箱 ── service@bookrep.com.tw
歡迎團體訂購，另有優惠，請洽業務部：886-2-22181417 ext. 1132 或 1520

國家圖書館出版品預行編目（CIP）資料

愛的原形：20 段療護紀實故事，提醒我們要好好說再見／
珍妮‧布朗（Janie Brown）著；周宜芳 譯. 第一版. – 新北市：
星出版，遠足文化發行, 2020.12
304 面；14x20 公分 .--（身心成長；B&S 003）.
譯自：Radical Acts of Love: How We Find Hope at the End of Life

ISBN 978-986-98842-7-3（平裝）

1. 生死觀 2. 人生哲學

191.9　　　　　　　　　　　　　　　　　　　　109018613

新觀點
新思維
新眼界